SCRATCH 3.0기반

마인드 플러스와
마이크로비트 마퀸으로 배우는
사고력 코딩

씨마스에듀 코딩교육연구회

마비와 네 명의 친구들이
마이크로비트를 활용하여 교과와 융합한
다양한 과제를 어떻게 해결해 나가는지
함께 경험해 볼까요?

햇님   경선   성식   태환

씨마스에듀

이 책을 내며···

　마이크로비트는 영국 BBC에서 코딩 교육용으로 개발한 오픈소스 하드웨어로, 쉽게 말하자면 누구나 쉽게 사용할 수 있는 자그마한 컴퓨터라고 할 수 있습니다. 마이크로비트에는 스마트폰처럼 빛 센서, 가속도 센서 등 다양한 센서가 들어 있어 소프트웨어와 하드웨어의 원리를 이해하기에 좋은 도구라고 생각합니다.

　조금은 이해하기 어려운 내용일 수는 있겠지만, 여러분이 교재 활동을 차근차근 학습하다 보면 자신도 모르는 사이에 향상된 실력을 발견할 수 있습니다.

　이 교재에서는 마인드 플러스(Mind+)와 마이크로비트 마퀸을 작동시키는 방법을 학습하게 됩니다. 특히 본 교재에 제시된 16개 주제는 교과와 연계된 활동으로 구성하였으므로 여러분은 이 활동을 해결함으로써 피지컬 컴퓨팅 장치를 활용한 교과 융합 사고력을 키울 수 있게 될 것입니다.

　더 나아가 마이크로비트에 다양한 장치를 장착한 RC카 형태의 마퀸 카를 작동시키면서 다양한 장치를 활용하는 능력도 키울 수 있습니다.

　마인드 플러스와 마이크로비트 마퀸이 만나서 무엇을 만들어 낼지 궁금하지 않나요?

　지금부터 교재에 실린 16개의 교과 융합 사고력 활동을 시작해 봅시다.

어떤 활동을 할까요?

활동 2 수탉이 빙글빙글 춤춰요

활동 5 빛으로 말해요

활동 10 마비는 영어 선생님이에요

활동 12 투표함에 투표해요

활동 16 농장 일을 나눠서 해요

그밖의 다양하고 재미있는 활동을 통해 컴퓨팅 사고력을 쑥쑥 길러보세요!

이 책의 활용법

장치별로 기본과 응용을 구분하였습니다.
기본에서는 사용할 장치의 기본 사용법을 익히고,
응용에서 확장된 개념과 장치를 다양하게 활용하
는 방법을 학습합니다.

1 | 해결 과제 이해하기

이 활동에서 해결해야 할 과제가 무엇인지
알아보고, 그 과제를 해결한 결과를 확인합
니다.

2 | 해결 방안 생각하기

주어진 과제를 교과 지식을 바탕으로 해결
할 방안을 찾는 단계입니다. 문제를 해결하
기 위하여 사용할 장치의 쓰임과 사용법 또
는 활용 사례 등을 학습합니다.

부록에 만들기 재료가 들어 있습니다.
각 활동에 맞는 재료로
재미있는 만들기 활동을 해 보세요.

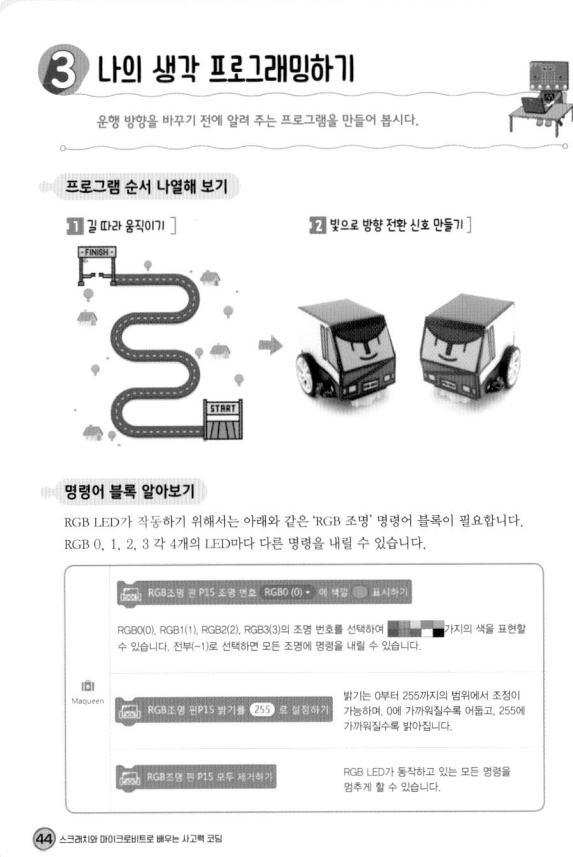

3 나의 생각 프로그래밍하기

프로그래밍 순서를 나열해 보고, 그것에 맞는 새로운 블록에 대해 알아봅니다.
직접 코딩해 보면서 논리적인 사고를 키워 봅니다.

4 프로그램 실행하고 개선 방법 생각해 보기

학습한 대로 코딩했는데 잘 되지 않을 때가 있을 겁니다. 교재에 제시된 질문과 답변으로 문제점을 확인합니다. 또 추가하거나 개선할 점을 찾아 해결해 봅니다.

이 책의 차례

이 교재는 장치별로 <기본>과 <응용> 활동으로 나누어 구성하였습니다. 8개의 학습 요소와 교과에 맞게 활동 장치를 제시하였고, 총 16개의 활동을 수록하였습니다.

활동에 사용하는
마이크로비트 활용 장치 및 연계 교과 소개

차시	활동명	장치	교과
1	수탉 이야기를 들어 봐요	모터	기술 · 가정
2	수탉이 빙글빙글 춤춰요		
3	스마트 홈을 만들어요	빛 센서 블루투스 안테나	기술 · 가정, 체육
4	무선 청소기로 청소해요		
5	빛으로 말해요	RGB LED	과학
6	운전하며 마음을 전달해요		
7	음악상자를 만들어요	버저	음악
8	음악에 맞춰 춤춰 봐요		
9	바코드 스캐너를 만들어요	적외선	과학
10	마비는 영어 선생님이에요		
11	요술 피아노로 연주해요	초음파	음악
12	투표함에 투표해요		
13	모래시계로 시간을 재요	마퀸 카 장착 장치	수학
14	천천히 또는 빠르게		
15	농장을 부탁해	마퀸 카 장착 장치	기술 · 가정
16	농장 일을 나눠서 해요		

준비 학습을 해요

마인드 플러스에서 마이크로비트를
작동시키기 위한 준비 단계입니다.

잠깐! 여러분이 사용하는
컴퓨터 운영체제가 윈도10인지
확인해 보세요. 선생님이나
부모님께 도움을 청하면
알려 주실 거예요.
마인드 플러스는 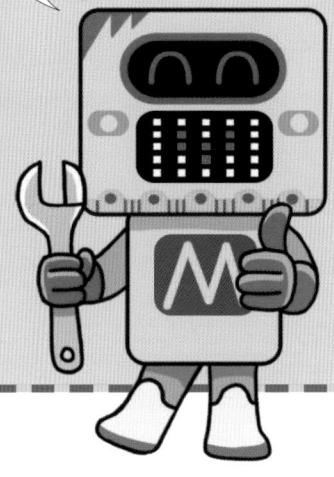(크롬)에서
검색하여 설치하세요.

 학습 목표

1. 마인드 플러스를 설치하는 방법과 마인드 플러스와 마이크로비트를 어떻게 연결하는지
   그 순서를 알고 작동시킬 수 있습니다.
2. 마퀸을 활용한 활동을 하기 위한 프로그래밍 환경을 이해합니다.

스크래치 3.0 기반 마인드 플러스(Mind+) 사용법

마인드 플러스(Mind+)는 스크래치 3.0 기반 프로그램입니다. 마퀸(micro: Maqueen)을 사용하기 위해서는 이 프로그램을 설치해야 합니다.

1. 스크래치 3.0 기반 마인드 플러스(Mind+) 다운로드 및 설치하기

❶ 마인드 플러스 프로그램 다운로드 사이트(http://mindplus.cc/download-en.html)에 접속합니다.

 크롬(🔵)에서 접속이 잘 되지 않는다면, 인터넷 익스플로러(🅴)에서 접속해 보세요.

 마인드 플러스는 가장 최신 버전을 사용해야 합니다. 최신 버전을 사용하지 않는다면 문제가 발생할 수 있습니다.

❷ ⬛⬛⬛ 에서 [Download] 를 눌러 설치 파일을 저장합니다.

❸ 프로그램을 설치합니다.

❹ 🤖 아이콘을 눌러 프로그램을 실행합니다.

❺ 아래와 같은 마인드 플러스(Mind+) 화면이 나타납니다.

한국어로 바꾸어 줍니다.

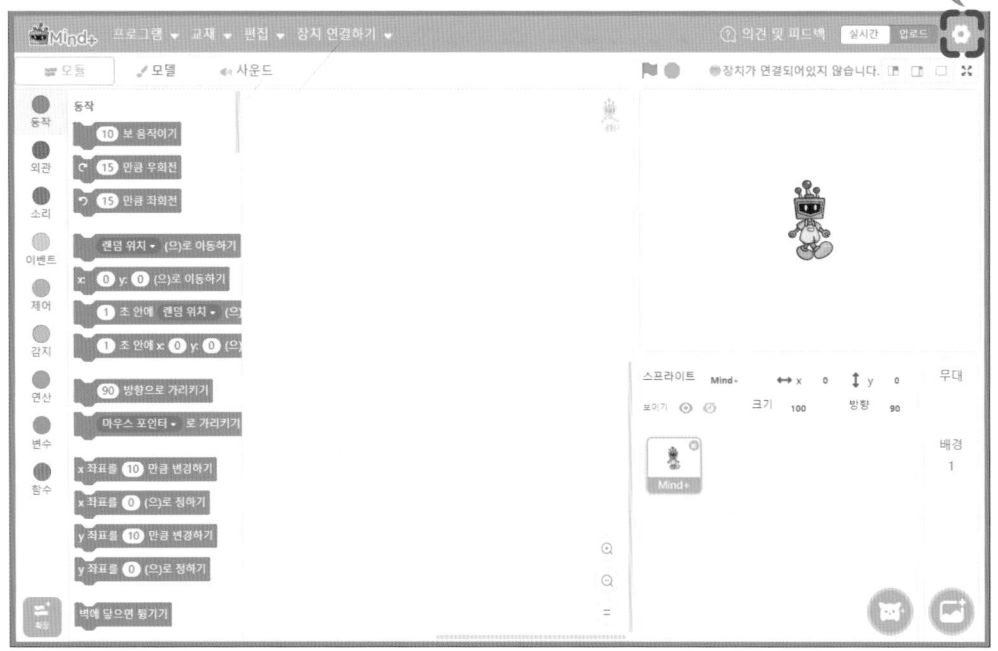

2. 마인드 플러스(Mind+)와 마퀸(micro:Maqueen) 연결하기

지금부터는 마이크로비트를 꽂은 마퀸을 연결하는 순서입니다.

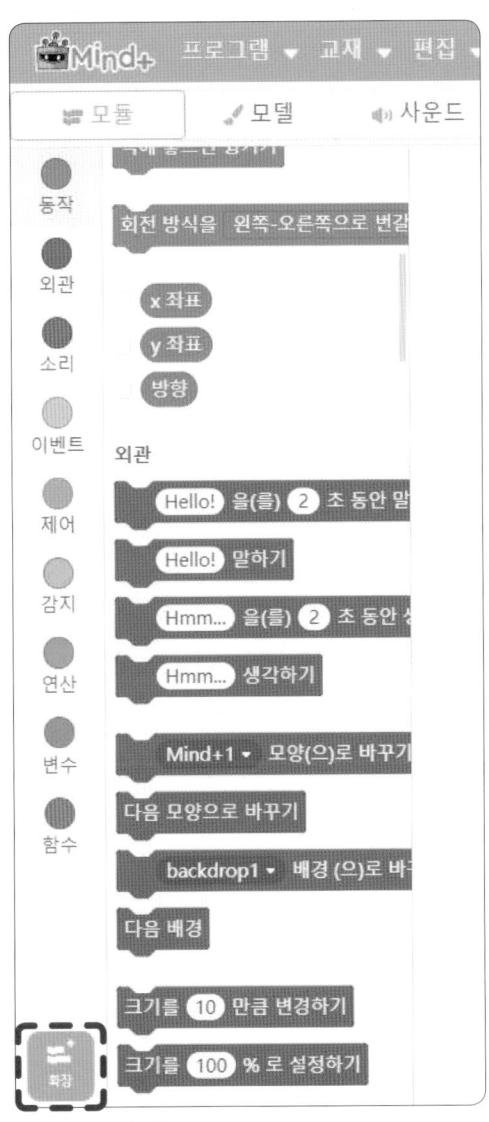

❶ 확장()을 선택합니다. 블록 색이
스크래치 3.0과 다릅니다. 그러나
기능은 모두 같습니다.

❷ micro:Maqueen을
선택합니다.

❸ micro:Maqueen
블록을 사용할
수 있습니다.

❹ 장치 연결하기 ▾ → 현재 컴퓨터와
연결되어 있는 장치를 선택하세요.

❺ 프로그램 작성 후 업로드 버튼을
눌러 주세요.

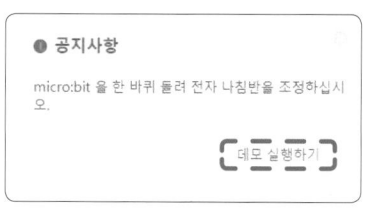

공지사항

micro:bit 을 한 바퀴 돌려 전자 나침반을 조정하십시
오.

[데모 실행하기]

❻ 장치가 연결되면 전자
나침반을 조정하라는
메시지가 나타납니다.

마이크로비트
정가운데 LED가
깜빡거립니다.

마이크로비트를
기울여 가면서
모든 LED에 불이
들어오게 합니다.

모든 LED에 불이
들어오면 연결 완료!

3. 마인드 플러스(Mind+) 온라인에서 실시간으로 사용하기

http://mindplus.cc/en.html 사이트에 접속하면 마인드 플러스(Mind+)를 온라인에서 사용할 수 있습니다.

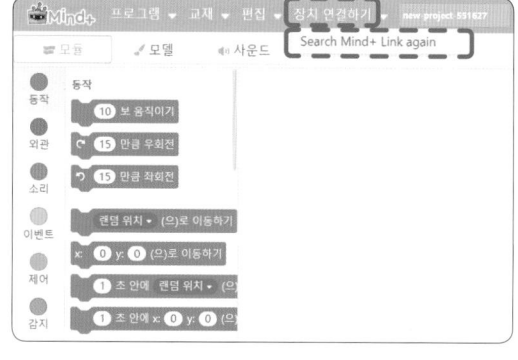

❶ [Code Online] 을 선택합니다.

❷ [장치 연결하기 ▾] - Search Mind+ Link again 를 선택합니다.

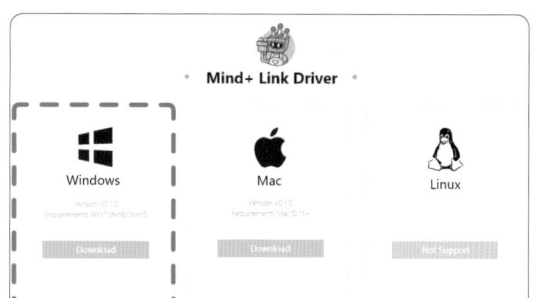

리소스 파일을 업로드 중입니다.

잠시만 기다려 주십시오...

리소스 파일이 로드되었습니다.

❸ OS 환경에 맞는 드라이버를 다운로드
받습니다.

❹ OS 환경에 맞는 드라이버를 다운로드
받습니다.

지금까지 마인드 플러스 설치부터 마이크로비트 마퀸을 연결하는 방법을 살펴보았습니다.
앞으로 펼쳐질 16개 활동을 경험하면서 스크래치와 마이크로비트의 세계에 푹 빠져봅시다!

교과 연계	사용할 장치
기술·가정	모터

활동 **1**

수탉 이야기를 들어 봐요

인형극을 해 본적이 있나요? 무대 뒤에서 계속 인형을 움직이면 팔이 많이 아플 거예요.

마퀸 카의 모터로 해결할 수 있습니다!

"나 보다 힘 센 수탉은 없어. 난 이렇게 무거운 것도 밀 수 있다고!"

학습 목표

1 모터의 쓰임을 압니다.

2 모터의 속도에 따라 수탉의 변화를 나타내는 활동을 할 수 있습니다.

준비물

마퀸 카

수탉 전개도

예제 주소 https://bit.ly/2LlV1bt

해결 과제 알아보기

태환이가 모터를 이용하여 해결해야 할 과제는 무엇인지 알아봅시다.

태환이는 친구들에게 인형극을 보여 주고 있는데, 무대 뒤에서 계속 팔을 움직여 인형을
조종하는 것이 너무 힘들어요. 좋은 방법이 없을까요?

모터를 활용하여 수탉 인형이 자동으로
움직이게 할 수 있어. 그리고 〈힘 센 수탉_인형극〉
내용이 궁금하면 아래 QR코드를 확인해 봐!

〈힘 센 수탉_인형극〉 장면들

② 해결 방안 생각하기

인형이 자동으로 움직이는 인형극을 할 수 있는 방법을 함께 생각해 봅시다.

> 인형극을 해 주는 로봇이 있으면 얼마나 좋을까?

> 우리가 프로그래밍한 대로 인형이 움직이게 만들어 볼까?

마퀸 카의 모터는 어디 있을까요?

모터는 전기의 힘으로 축이 회전하도록 만든 동력 장치를 말합니다.

마퀸에는 두 개의 모터가 장착되어 있으며, 모터의 축에 바퀴를 연결하여 자동차처럼 움직이게 할 수 있습니다.

 **생각하며 배우기**   **로봇을 움직이게 하는 모터**

왼쪽의 로봇은 실제 연기를 하는 로봇입니다. 무대를 왔다 갔다하면서 대사를 하고, 감정을 표현하며 연기합니다. 이때, 로봇의 움직임을 제어하기 위해서는 모터가 필요합니다.

로봇 공주와 일곱 난쟁이

3 나의 생각 프로그래밍하기

무대에서 움직이면서 연기하는 로봇 프로그램을 만들어 봅시다.

프로그램 순서 나열해 보기

1 힘 센 수탉 만들기]

2 점점 늙어 힘이 약해지는 수탉 만들기]

명령어 블록 알아보기

모터를 사용한 수탉 이야기 연극 프로그램에 필요한 명령어 블록입니다.

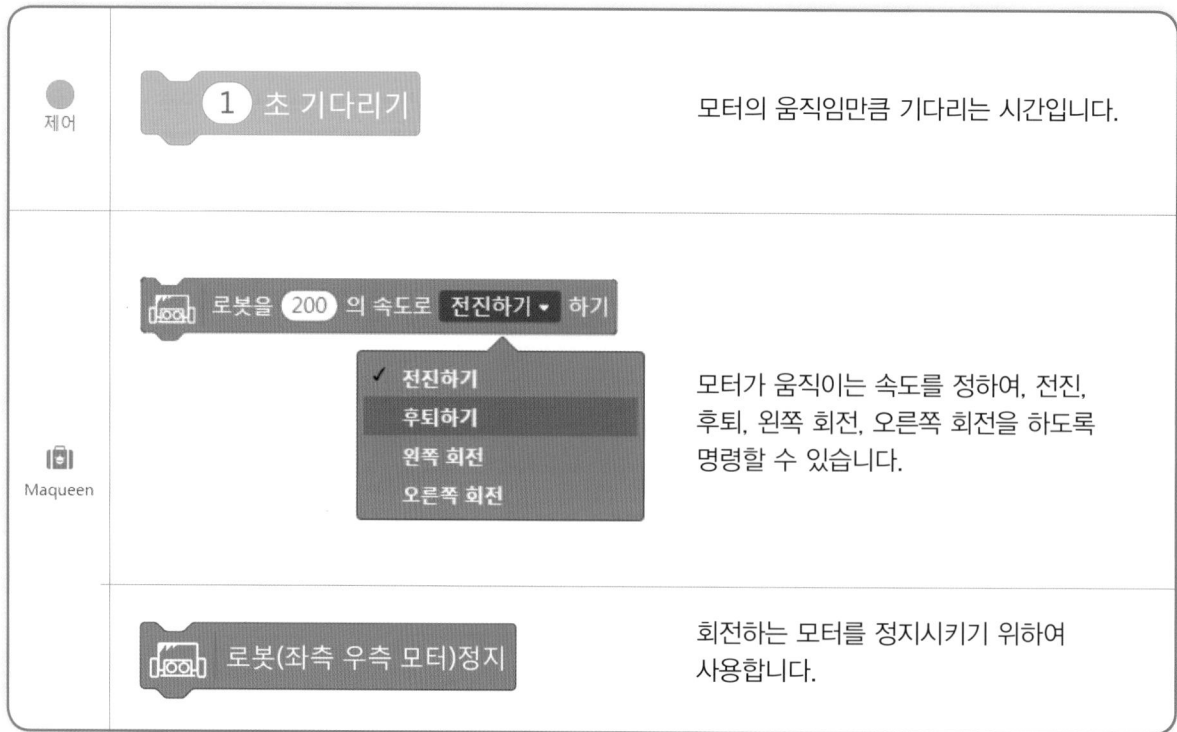

제어	**1 초 기다리기** — 모터의 움직임만큼 기다리는 시간입니다.
Maqueen	**로봇을 200 의 속도로 전진하기 ▾ 하기** (전진하기 ✓ / 후퇴하기 / 왼쪽 회전 / 오른쪽 회전) — 모터가 움직이는 속도를 정하여, 전진, 후퇴, 왼쪽 회전, 오른쪽 회전을 하도록 명령할 수 있습니다.
	로봇(좌측 우측 모터)정지 — 회전하는 모터를 정지시키기 위하여 사용합니다.

차근차근 프로그래밍하기

1 힘 센 수탉 만들기

>> 준비 하기

[장면1]

수탉이 무거운 물체를 밀어내며 힘을 뽐낸 뒤, 뒷걸음질하고 무대 앞을 바라봅니다.

❶ [로봇을 200 의 속도로 전진하기 ▾ 하기]을 1초 동안 움직이도록 했을 때 이동하는 거리를 확인합니다.

❷ 수탉이 무대에서 어디로, 어떻게 움직일지 생각해 봅니다.

>> 프로그래밍 하기

모터의 속도를 높여 전진했다가 뒷걸음질하면서 회전합니다.

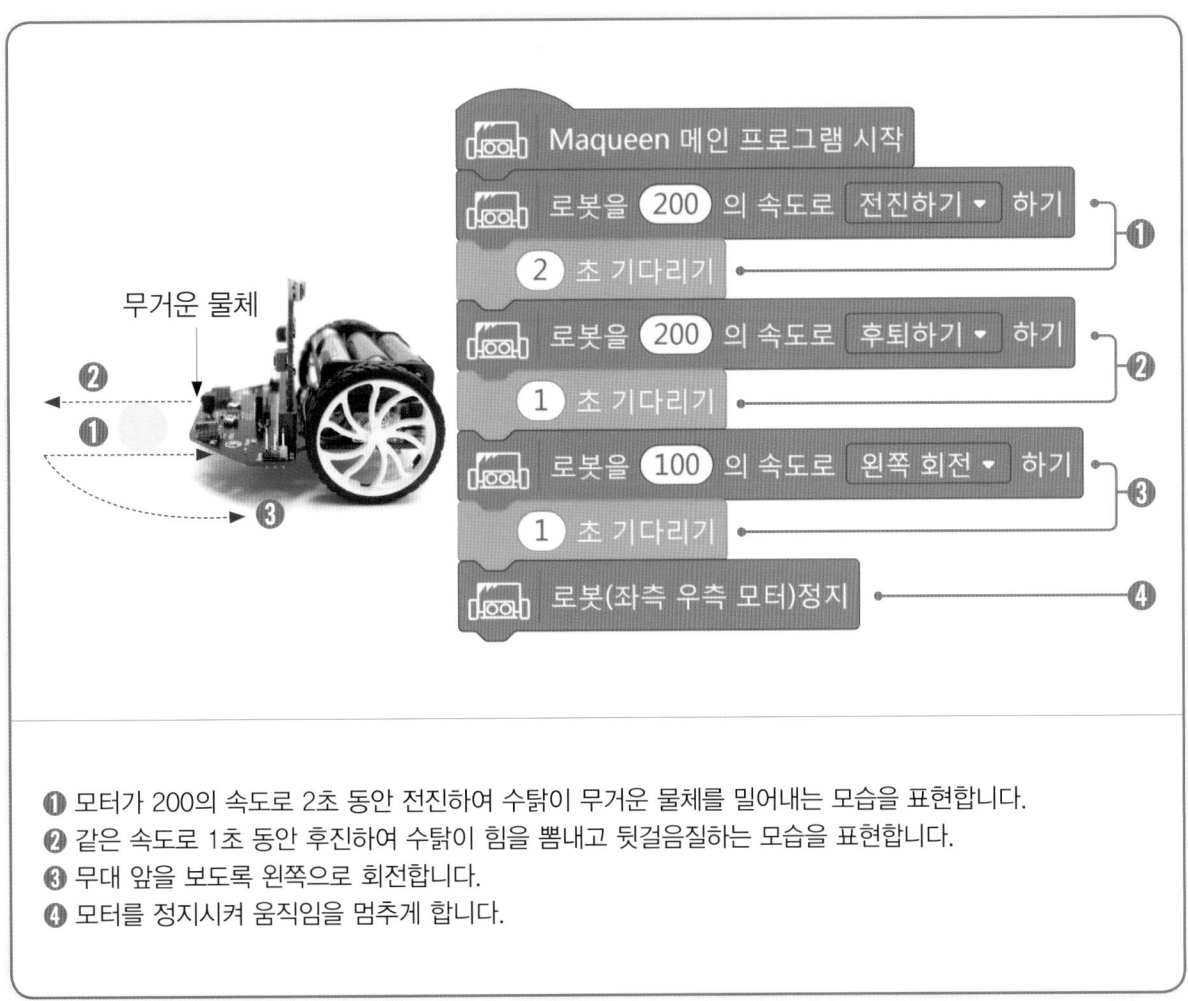

❶ 모터가 200의 속도로 2초 동안 전진하여 수탉이 무거운 물체를 밀어내는 모습을 표현합니다.
❷ 같은 속도로 1초 동안 후진하여 수탉이 힘을 뽐내고 뒷걸음질하는 모습을 표현합니다.
❸ 무대 앞을 보도록 왼쪽으로 회전합니다.
❹ 모터를 정지시켜 움직임을 멈추게 합니다.

2 점점 늙어 힘이 약해지는 수탉 만들기

>> 준비 하기

[장면2]

점점 늙어 나이든 수탉은 무거운 물체를 밀어내는 것이 너무 힘듭니다.

❶ 변수 － 새 숫자형 변수 만들기 을 선택하여, '힘' 변수를 만듭니다.

❷ 수탉이 무대에서 어디로, 어떻게 움직일지 생각해 봅니다.

>> 프로그래밍 하기

모터의 속도를 낮춰 뒷걸음질 하면서 회전하게 합니다.

무거운 물체

❶ 물체를 바라보기 위하여 오른쪽으로 회전합니다.
❷ '힘' 변수를 200으로 설정하여 수탉이 힘을 뽐냈던 모터의 속도를 저장합니다.
❸ '변수 힘'이 0보다 작아질 때까지 무거운 물체를 밀어내는 동작을 반복합니다.
❹ '변수 힘' 값을 20씩 줄어들게 하여 힘이 점점 약해지는 수탉의 모습을 표현합니다.
  로봇의 모터 속도를 '변수 힘' 값만큼 움직이도록 합니다.

❶ '힘 센 수탉 만들기' 코드 밑에 연결해 주세요!

4 프로그램 실행하고 개선 방법 생각해 보기

실행이 잘 되나요? 생각한 대로 되지 않았다면 Q&A 코너로 이동하고,
실행이 잘 된다면 추가하고 싶은 기능이나 개선할 점 이 무엇인지 생각해 봅시다.

Q&A

마퀸 카를 앞으로 좀 더 움직이게 하고 싶어요.

1 초 기다리기 의 시간을 늘려서
조절해 보세요.

점점 늙어 힘이 약해지는 수탉이어야 하는데 힘이 약해지지 않아요!

로봇을 변수 힘 의 속도로 전진하기 ▾ 하기 의
속도에 변숫값이 연결되었는지 확인해 보세요.

추가하고 싶은 기능이나 개선할 점

다음 장면에 수탉이 빙글빙글 춤을 추는 모습을 표현하고 싶어요.

오른쪽이나 왼쪽으로 회전 속도를 다르게 하면 빙글빙글
도는 움직임을 나타낼 수 있어요.

활동 **2**

수탉이 빙글빙글 춤춰요

이런… 수탉이 힘이 없네요. 수탉에게 힘을 불어넣어 줄 방법은 없을까요?

마퀸 카의 모터로
해결할 수 있습니다!

학습 목표

❶ 모터를 활용하여 신나게 춤추는
수탉을 만들 수 있습니다.

준비물

마퀸 카

수탉 전개도

예제 주소 https://bit.ly/2LmyIHY

① 해결 과제 알아보기

태환이가 모터를 이용하여 개선하고 싶은 과제는 무엇인지 알아봅시다.

가족들의 사랑으로 힘을 얻은 수탉이 빙글빙글 춤추는 모습을 표현하려면 어떻게 해야 할까요?

모터를 활용하여 신나게 춤추는
수탉을 만들어 봐!

〈힘 센 수탉_인형극〉 장면들

② 해결 방안 생각하기

수탉이 빙글빙글 돌며 움직이는 모습을 나타낼 수 있는 방법을 생각해 봅시다.

> 로봇을 200 의 속도로 오른쪽 회전▼ 하기
>
> 블록으로 수탉을 움직이게 했더니 제자리에서만 돌아. 좀 더 크게 돌며 움직이게 할 수는 없을까?

> 속도와 시간을 변경하면 어떨까?

마퀸 카의 모터를 알아볼까요?

모터는 전기의 힘으로 회전 방향을 바꿀 수 있습니다. 구조가 간단하여 선풍기, 냉장고, 세탁기와 같은 가전제품과 전기 자동차, 고속 열차 등에 광범위하게 사용됩니다.

생각하며 배우기   회전 원리

속도 빠름

속도 느림

자동차가 오른쪽으로 회전하려면 자동차 왼쪽 바퀴가 오른쪽 바퀴보다 빠른 속도로 움직여야 합니다.

> 왼쪽으로 회전하려면 어떻게 할까요?

> 오른쪽 바퀴를 빠른 속도로 회전시키면 돼요!

③ 나의 생각 프로그래밍하기

빙글빙글 춤추는 수탉의 모습을 표현하는 프로그램을 만들어 봅시다.

프로그램 순서 나열해 보기

1 둥근 원을 그리며 돌기

2 나선형으로 돌기

명령어 블록 알아보기

모터를 회전시키는 프로그램에 필요한 명령어 블록입니다.

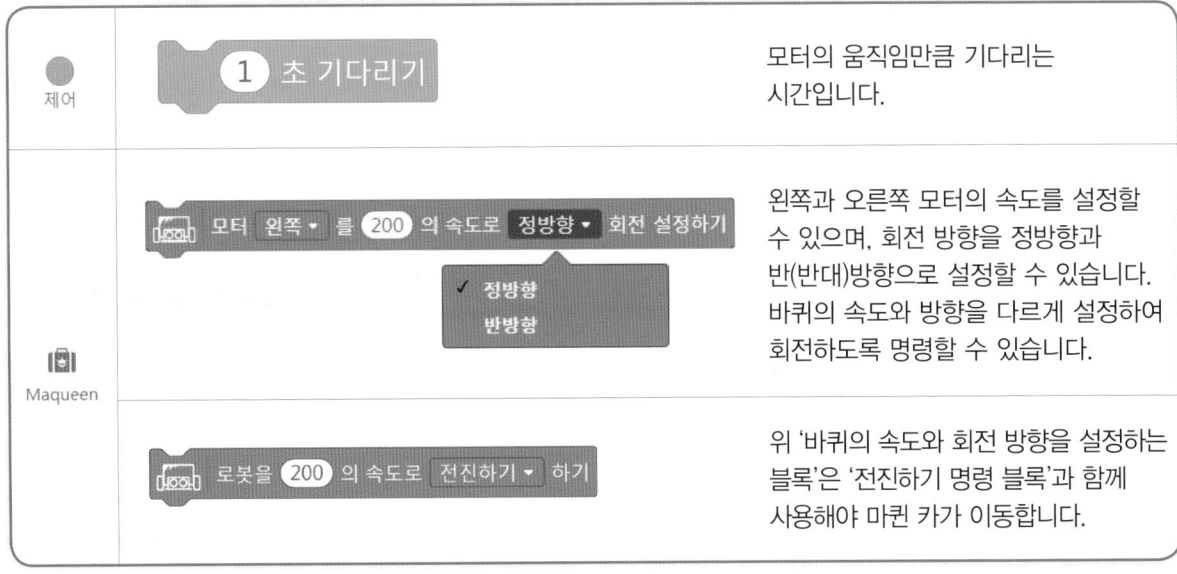

● 제어	1 초 기다리기	모터의 움직임만큼 기다리는 시간입니다.
🧰 Maqueen	모터 왼쪽 ▾ 를 200 의 속도로 정방향 ▾ 회전 설정하기 ✓ 정방향 　반방향	왼쪽과 오른쪽 모터의 속도를 설정할 수 있으며, 회전 방향을 정방향과 반(반대)방향으로 설정할 수 있습니다. 바퀴의 속도와 방향을 다르게 설정하여 회전하도록 명령할 수 있습니다.
	로봇을 200 의 속도로 전진하기 ▾ 하기	위 '바퀴의 속도와 회전 방향을 설정하는 블록'은 '전진하기 명령 블록'과 함께 사용해야 마퀸 카가 이동합니다.

1 둥근 원을 그리며 돌기

≫ 준비하기

[장면3]

수탉이 자식과 손자의 사랑에 힘을 얻어 원을 그리며 춤을 춥니다.

❶ 왼쪽 바퀴와 오른쪽 바퀴의 속도를 조절하며 움직일 방향을 확인합니다.

❷ 　1 초 기다리기 　은 　●제어　에 있습니다.

≫ 프로그래밍하기

다시 속도를 높여 앞으로 나가면서 오른쪽으로 회전하도록 합니다.

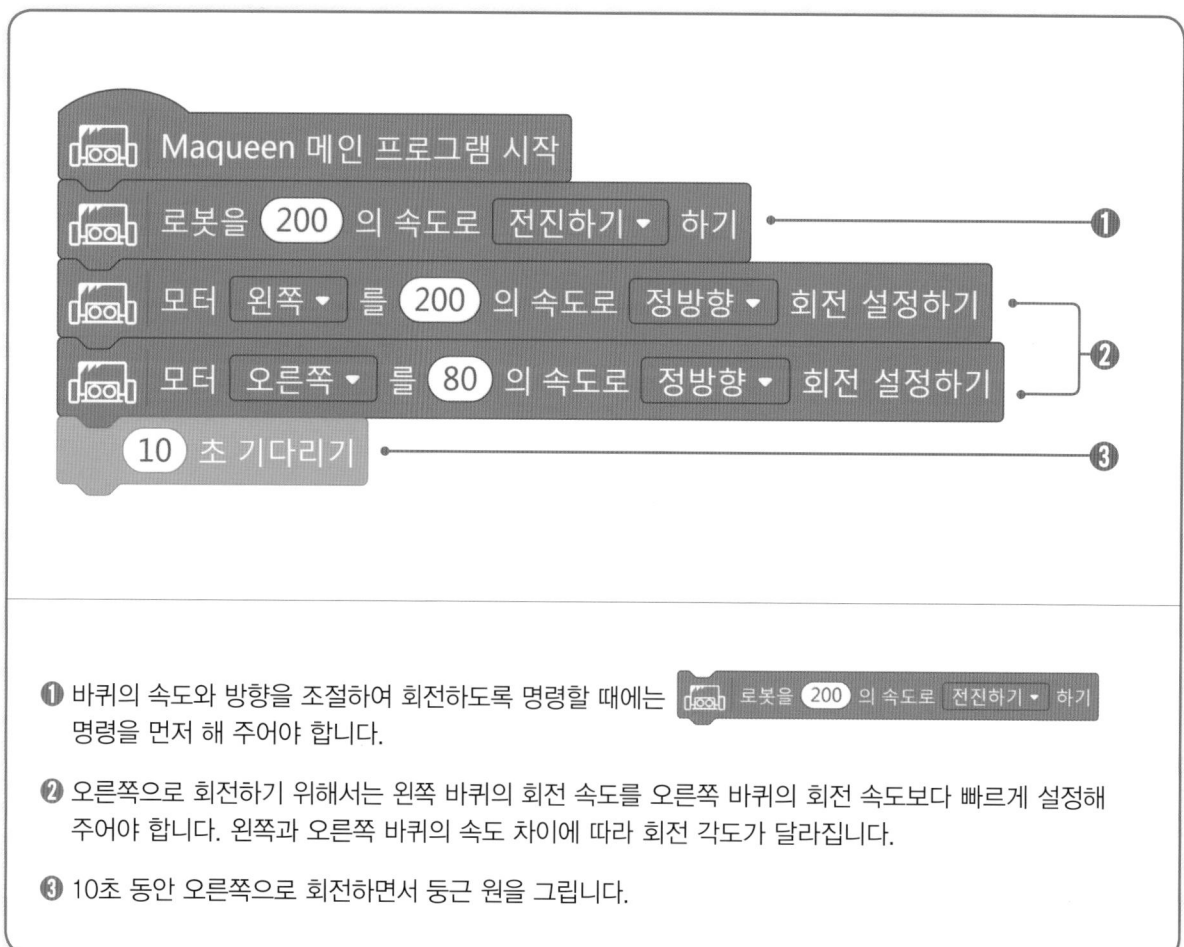

❶ 바퀴의 속도와 방향을 조절하여 회전하도록 명령할 때에는 　로봇을 200 의 속도로 전진하기 ▾ 하기 　명령을 먼저 해 주어야 합니다.

❷ 오른쪽으로 회전하기 위해서는 왼쪽 바퀴의 회전 속도를 오른쪽 바퀴의 회전 속도보다 빠르게 설정해 주어야 합니다. 왼쪽과 오른쪽 바퀴의 속도 차이에 따라 회전 각도가 달라집니다.

❸ 10초 동안 오른쪽으로 회전하면서 둥근 원을 그립니다.

>> 준비하기

[장면4]

점점 안으로 들어가는 나선형 모양을 그리며 춤을 춥니다.

❶ 원이 점점 작아지는 나선형 모양을 만들려면 어떻게 해야 할지 생각해 봅니다.

❷ 변수 – 새 숫자형 변수 만들기 을 선택하여, '속도' 변수를 만듭니다.

>> 프로그래밍하기

원이 작아지도록 속도를 줄이면서 바퀴가 회전하도록 합니다.

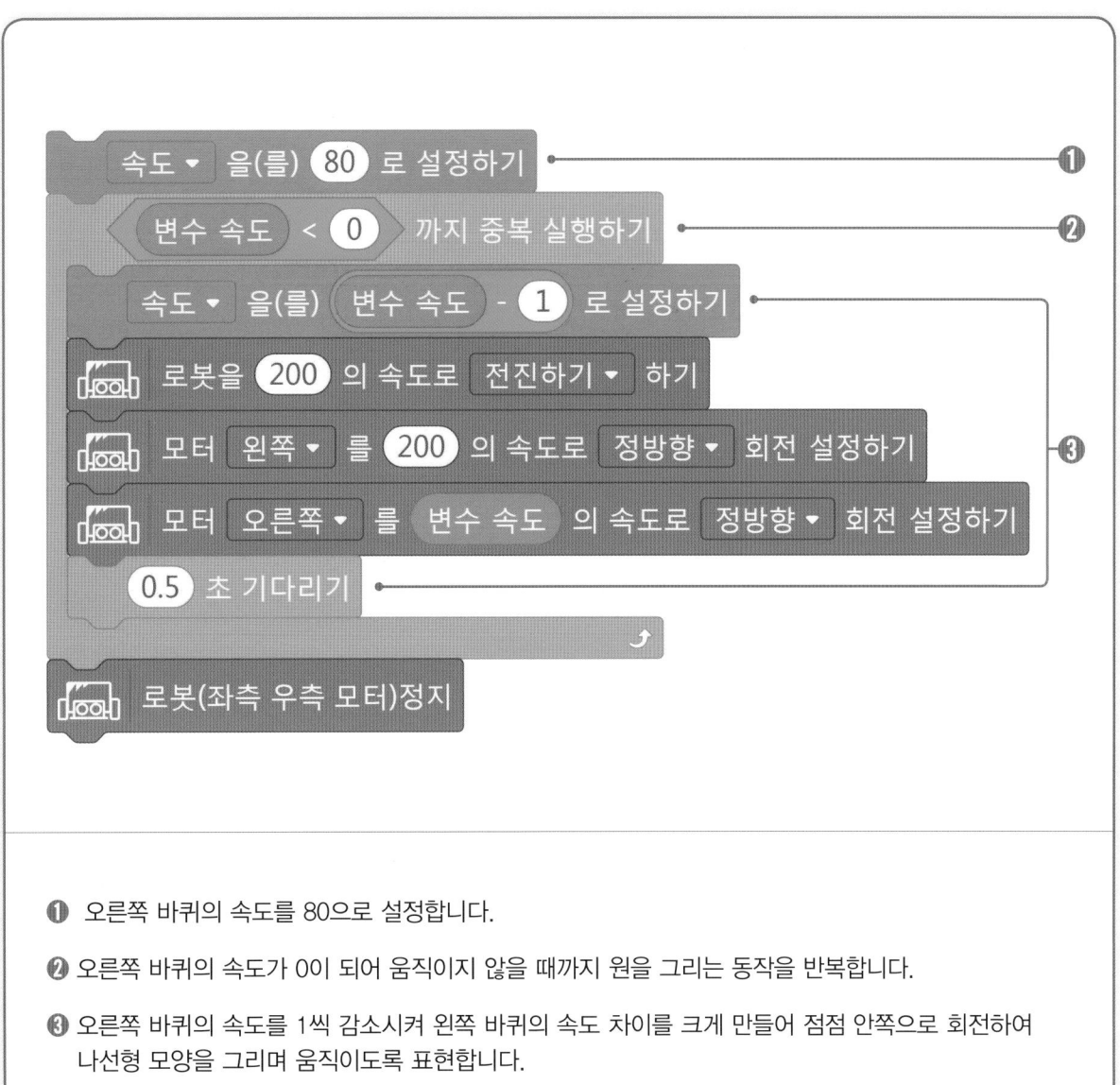

❶ 오른쪽 바퀴의 속도를 80으로 설정합니다.

❷ 오른쪽 바퀴의 속도가 0이 되어 움직이지 않을 때까지 원을 그리는 동작을 반복합니다.

❸ 오른쪽 바퀴의 속도를 1씩 감소시켜 왼쪽 바퀴의 속도 차이를 크게 만들어 점점 안쪽으로 회전하여 나선형 모양을 그리며 움직이도록 표현합니다.

4 프로그램 실행하고 개선 방법 생각해 보기

수탉 모형을 만들고, 〈힘 센 수탉_인형극〉 스크래치 파일을 실행하여
친구들과 재미있는 인형극을 해 보세요.

너무 큰 원을 그리며 회전해요.

| 오프라인 채널을 7 로 설정하기 | 블록으로
설정되었는지 확인해 보세요.

왼쪽과 오른쪽 바퀴의 속도 차이가 많이 나도록
변경해 보세요.

왼쪽과 오른쪽 바퀴의 속도 차이가 작은 경우

왼쪽과 오른쪽 바퀴의 속도 차이가 큰 경우

교과 연계	사용할 장치
기술·가정	빛 센서와 블루투스 안테나

활동 3

스마트 홈을 만들어요

어두워진 저녁에 깜깜한 집으로 들어가기가 무섭다고요?

빛 센서와 블루투스 안테나로 해결할 수 있습니다!

학습 목표

❶ 빛 센서와 블루투스 안테나의 쓰임과 무선 통신이 무엇인지 압니다.

❷ 무선 통신을 이용하여 미니 스마트 홈을 만들 수 있습니다.

준비물

마퀸 카

집 전개도

예제 주소 (송신)https://bit.ly/2RkDkwK (수신)https://bit.ly/2OLdL6o

 # 해결 과제 알아보기

태환이가 통신을 이용하여 해결해야 할 과제는 무엇인지 알아봅시다.

태환이와 친구들은 집에 들어가기 전에 집 안에 불을 미리 켜놓고 싶습니다.
집과 떨어진 장소에서 불을 켤 수 있는 좋은 방법이 없을까요?

오프라인 통신(무선 통신)을 이용하여
집 안에 불을 켜고 끄는 프로그램을 만들어 보자.
여기서 무선이란 선이 연결되지 않은 것이야.

불이 꺼진 모습

불이 켜진 모습

 # 해결 방안 생각하기

태환이의 집과 떨어진 곳에서 불을 켤 수 있는 방법을 함께 생각해 봅시다.

> 무선 통신을 이용하면 떨어져 있는 장치에 신호를 보낼 수 있어!

> 어두우면 불을 켜는 방법도 생각해 보자!

블루투스 안테나는 어디에 있을까요?

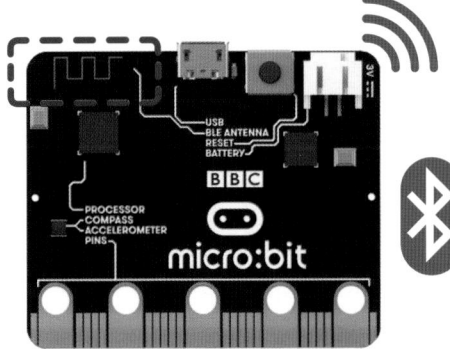

마이크로비트 뒷면에는 블루투스 안테나가 있습니다. 블루투스 안테나는 다른 기기들과 통신하기 위한 안테나입니다.
이 블루투스 안테나로 컴퓨터와 스마트폰, 태블릿 등과 무선으로 연결할 수 있습니다.

 **생각하며 배우기**   **블루투스 통신**

블루투스 통신으로 스마트폰, 노트북, 이어폰, 카메라와 같은 휴대용 기기를 서로 연결해 정보를 교환합니다. 예를 들어, 블루투스 마우스로 컴퓨터를 조작하거나 블루투스 이어폰으로 스마트폰의 음악을 들을 수 있습니다.

블루투스 마우스

블루투스 이어폰

③ 나의 생각 프로그래밍하기

밖이 어두워지면 집 안에 불이 켜지는 프로그램을 만들어 봅시다.

프로그램 순서 나열해 보기

1 빛의 세기를 읽고 송신하기

2 데이터를 수신하여 집 안에 불 켜기

명령어 블록 알아보기

스마트 홈 프로그램에 필요한 명령어 블록입니다. 마인드 플러스(Mind+)에서는 통신에 '오프라인' 명령어를 사용합니다.

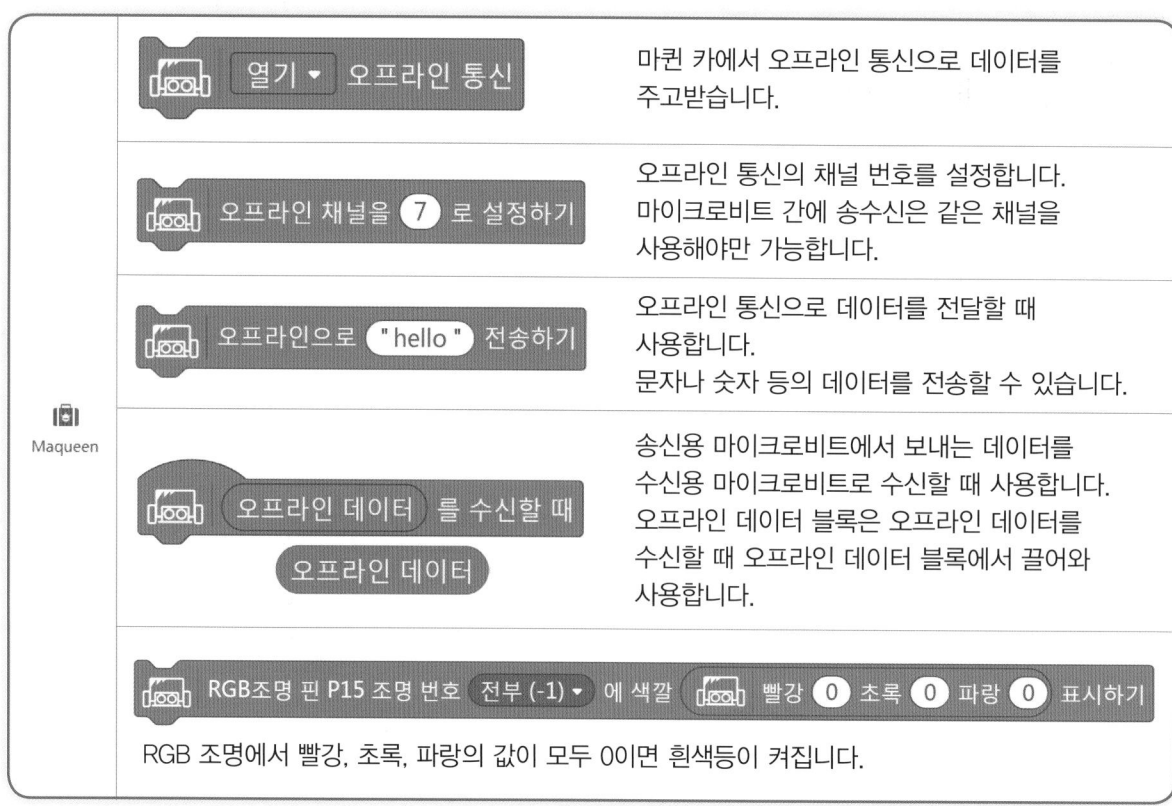

	설명
열기 ▾ 오프라인 통신	마퀸 카에서 오프라인 통신으로 데이터를 주고받습니다.
오프라인 채널을 7 로 설정하기	오프라인 통신의 채널 번호를 설정합니다. 마이크로비트 간에 송수신은 같은 채널을 사용해야만 가능합니다.
오프라인으로 "hello" 전송하기	오프라인 통신으로 데이터를 전달할 때 사용합니다. 문자나 숫자 등의 데이터를 전송할 수 있습니다.
오프라인 데이터 를 수신할 때 / 오프라인 데이터	송신용 마이크로비트에서 보내는 데이터를 수신용 마이크로비트로 수신할 때 사용합니다. 오프라인 데이터 블록은 오프라인 데이터를 수신할 때 오프라인 데이터 블록에서 끌어와 사용합니다.
RGB조명 핀 P15 조명 번호 전부 (-1) ▾ 에 색깔 빨강 0 초록 0 파랑 0 표시하기	

RGB 조명에서 빨강, 초록, 파랑의 값이 모두 0이면 흰색등이 켜집니다.

Maqueen

차근차근 프로그래밍하기

1 빛의 세기를 읽고 송신하기

>> 준비하기

- 오프라인 통신을 할 때에는 데이터를 보내는 마이크로비트와 데이터를 받는 마이크로비트 총 두 개가 필요합니다.

- 먼저 송신용 마이크로비트를 준비하고, 오프라인 통신을 열어 전달하려는 자료와 내용을 만듭니다.

>> 프로그래밍하기 - 송신용 마퀸 카(전송하기)

오프라인 통신을 열고 "on"과 "off"를 전송합니다. 이때, 통신 채널을 설정합니다.

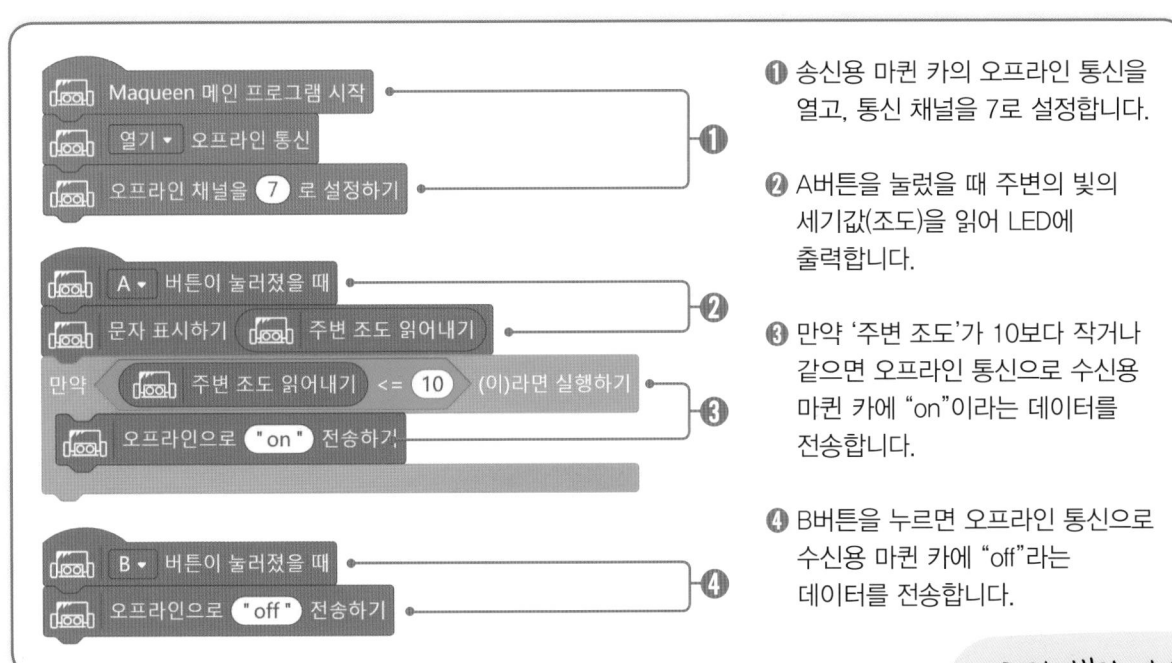

❶ 송신용 마퀸 카의 오프라인 통신을 열고, 통신 채널을 7로 설정합니다.

❷ A버튼을 눌렀을 때 주변의 빛의 세기값(조도)을 읽어 LED에 출력합니다.

❸ 만약 '주변 조도'가 10보다 작거나 같으면 오프라인 통신으로 수신용 마퀸 카에 "on"이라는 데이터를 전송합니다.

❹ B버튼을 누르면 오프라인 통신으로 수신용 마퀸 카에 "off"라는 데이터를 전송합니다.

조도는 빛의 세기를 나타내는 값을 뜻합니다.

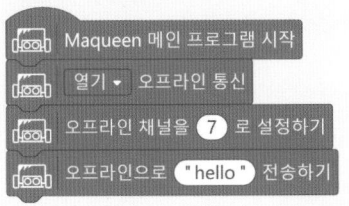 **마퀸 카에서 데이터를 어떻게 주고받아요?**

① 'hello'를 오프라인으로 전송(보내는)하는 과정입니다.

② 오프라인으로 데이터를 수신(받는)하는 과정입니다.

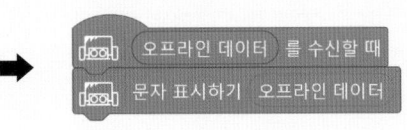

2 데이터를 수신하여 집 안에 불 켜기

≫ 준비 하기

- 수신용 마이크로비트와 마퀸 카를 준비합니다.
- 송신용과 동일한 채널로 설정합니다.
- 집에 불을 켜기 위해 RGB 조명을 사용합니다.
- 이 책 부록 125쪽에 있는 전개도로 집을 만듭니다.

≫ 프로그래밍 하기 - 수신용 마퀸 카(수신하기)

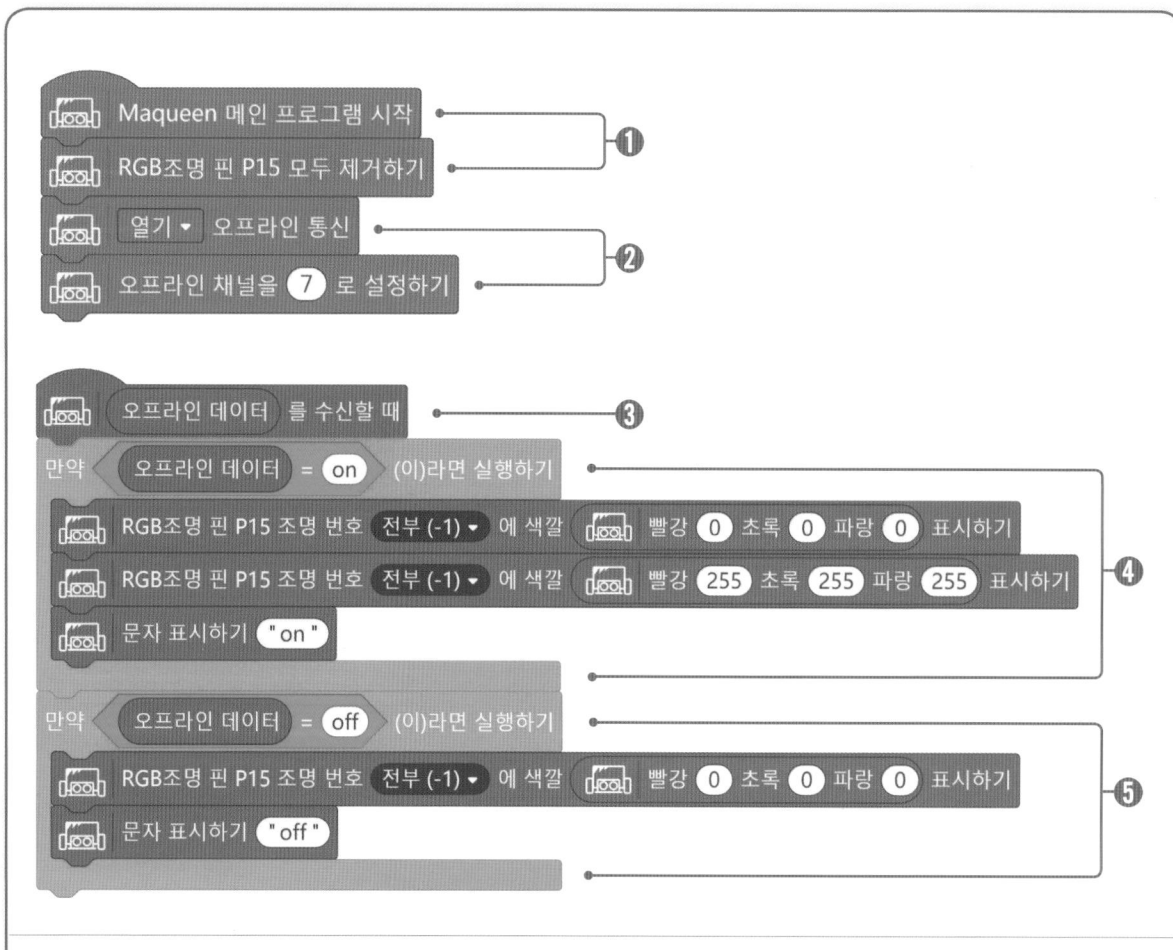

❶ 수신용 마퀸 카의 프로그램을 시작하면 RGB 조명을 모두 끄고 초기화합니다.

❷ 수신용 마퀸 카의 오프라인 통신을 열고, 통신 채널을 7로 설정합니다.

❸ 오프라인 통신으로 보내진 데이터를 수신하는 블록입니다.

❹ 오프라인 통신으로 수신된 데이터가 'on'일 때, RGB 조명을 끈 다음, 흰색등을 켭니다.
수신용 마퀸 카의 마이크로비트 LED에 "on"이라는 문자가 표시됩니다.
RGB 조명의 빨강, 초록, 파랑의 값이 모두 255이면 흰색등이 켜집니다.

❺ 오프라인 통신으로 수신된 데이터가 'off'일 때, RGB 조명을 끕니다. 수신용 마퀸 카의 마이크로비트 LED 에 "off"라는 문자가 표시됩니다. RGB 조명의 빨강, 초록, 파랑의 값이 모두 0이면 꺼집니다.

 # 프로그램 실행하고 개선 방법 생각해 보기

실행이 잘 되나요? 생각한 대로 되지 않았다면 Q&A 코너로 이동하고,
실행이 잘 된다면 추가하고 싶은 기능이나 개선할 점 이 무엇인지 생각해 봅시다.

 Q&A

송·수신용 마퀸 카가 작동하지 않아요.

 오프라인 채널을 7 로 설정하기 오프라인 통신을 열고, 명령 블록을
추가했는지 확인해 보세요. 채널이 같은지도 확인해 보세요.

수신용 마퀸 카에 불이 켜지지 않아요.

RGB조명 핀 P15 조명 번호 전부 (-1) ▼ 에 색깔 빨강 255 초록 255 파랑 255 표시하기
RGB 조명의 빨강, 초록, 파랑의 값을 확인해 보세요.

 추가하고 싶은 기능이나 개선할 점

집에 돌아와 보니 거실이 너무 지저분하다. 청소를 해야겠어!

다음 활동에서 오프라인 통신으로 무선 조종할
수 있는 청소기를 만들어 볼 거예요!

교과 연계
기술·가정

사용할 장치
가속도 센서와
블루투스
안테나

활동 4

무선 청소기로 청소해요

지저분한 거실을 청소하기 힘든가요?

가속도 센서와 블루투스 안테나로
해결할 수 있습니다!

학습 목표

❶ 무선 통신의 활용 사례를
말할 수 있습니다.

❷ 가속도 센서와 블루투스 안테나를 활용한
활동을 할 수 있습니다.

준비물

마퀸 카

청소기 전개도

예제 주소 (송신)https://bit.ly/2Rg3hxl (수신)https://bit.ly/2DLgx5o

① 해결 과제 알아보기

태환이와 경선이가 오프라인 통신을 이용하여 해결해야 할 과제는
무엇인지 알아봅시다.

태환이와 경선이가 불 켜진 집에 도착하니 거실이 지저분합니다.
쉽게 집을 청소할 수 있는 좋은 방법이 없을까요?

가속도 센서와 블루투스 안테나, 버튼을 활용하여
여기저기 구석구석 청소하는
무선 조종(RC) 청소기를 만들면 문제 해결!

송신 리모컨

무선 조종 청소기

2 해결 방안 생각하기

집 안을 깨끗이 청소할 수 있는 무선 조종 청소기를 어떻게 만들어야 할지
함께 생각해 봅시다.

오프라인 통신 기능을 이용하면 무선으로 조종할 수 있지 않을까?

그리고 가속도 센서를 이용하면 청소기를 쉽게 조종할 수 있어!

무선 통신을 알아볼까요?

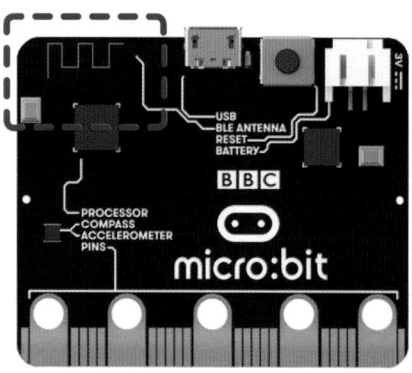

무선 통신이란 전선을 연결하지 않고, 전파를 이용해
먼 거리의 정보를 주고받을 수 있는 통신 기술입니다.
마이크로비트는 블루투스 안테나를 이용하여 다른
마이크로비트 또는 여러 대의 마이크로비트와 떨어진
거리에서 무선(선 연결 없음.)으로 연결할 수 있습니다.

 생각하며 배우기   RC(무선 조종)

무선 조종(RC) 카에서 RC는 라디오 컨트롤(Radio
Control)의 약자로 전파에 의한 무선 조종을 말합
니다.
무선 조종은 비행기, 배, 자동차 등의 장난감에서
부터 택배나 촬영용으로 쓰이는 드론, 군사 위성
에 이르기까지 많은 곳에서 활용하고 있습니다.

 **나의 생각 프로그래밍하기**

오른쪽 또는 왼쪽으로 회전하고 앞과 뒤로 움직이는
무선 조종 청소기 프로그램을 만들어 봅시다.

프로그램 순서 나열해 보기

1 송신용 조종기 만들기

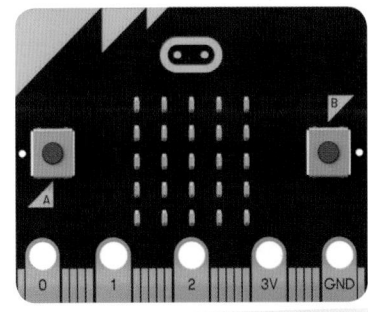

송신용과 수신용으로
마이크로비트가 2개 필요해요.

2 수신용 무선 청소기 만들기

명령어 블록 알아보기

무선 조종 청소기 프로그램에 필요한 명령어 블록입니다.

Maqueen	현재 상태 [오른쪽으로 기울이기 ▼] 는?	가속도 센서가 오른쪽으로 기울어졌을 때의 가속도를 감지합니다.
	현재 상태 [왼쪽으로 기울이기 ▼] 는?	가속도 센서가 왼쪽으로 기울어졌을 때의 가속도를 감지합니다.
	현재 상태 [로고가 위로 향하게 ▼] 는?	로고가 위로 향할 때의 움직임을 감지합니다.
	Maqueen 메인 프로그램 시작 / [열기 ▼] 오프라인 통신 / 오프라인 채널을 7 로 설정하기	송신용 마퀸 카의 오프라인 통신을 열고, 통신 채널을 7로 설정합니다.

1 송신용 조종기 만들기

>> 준비 **하기**

송신용 마이크로비트를 준비합니다.

>> 프로그래밍 **하기**

버튼과 가속도(기울기) 센서를 이용하여 송신용 마이크로비트를 만듭니다.

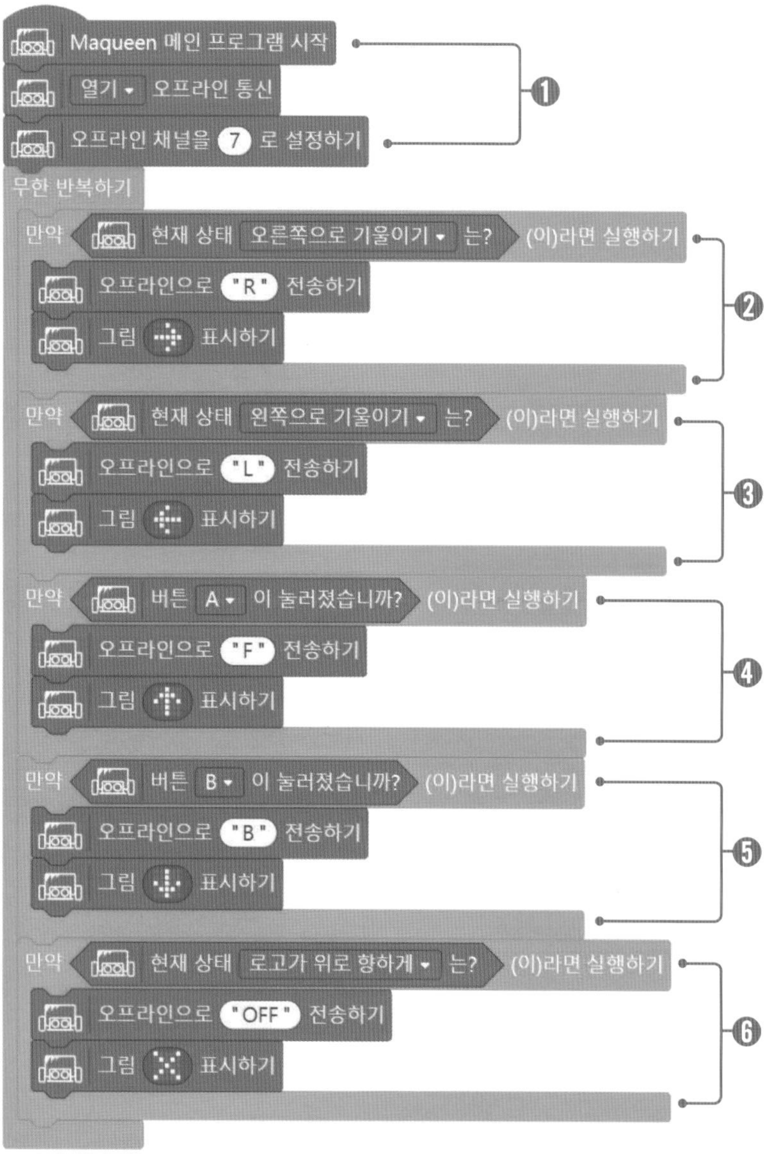

Maqueen 메인 프로그램 시작

열기 ▾ 오프라인 통신

오프라인 채널을 7 로 설정하기 ... ❶

무한 반복하기

만약 현재 상태 오른쪽으로 기울이기 ▾ 는? (이)라면 실행하기

오프라인으로 "R" 전송하기

그림 표시하기 ... ❷

만약 현재 상태 왼쪽으로 기울이기 ▾ 는? (이)라면 실행하기

오프라인으로 "L" 전송하기

그림 표시하기 ... ❸

만약 버튼 A ▾ 이 눌러졌습니까? (이)라면 실행하기

오프라인으로 "F" 전송하기

그림 표시하기 ... ❹

만약 버튼 B ▾ 이 눌러졌습니까? (이)라면 실행하기

오프라인으로 "B" 전송하기

그림 표시하기 ... ❺

만약 현재 상태 로고가 위로 향하게 ▾ 는? (이)라면 실행하기

오프라인으로 "OFF" 전송하기

그림 표시하기 ... ❻

❶ 송신용 마퀸 카의 오프라인 통신을 열고, 통신 채널을 7로 설정합니다.

❷ 오른쪽 기울임을 감지했을 때 오프라인 통신으로 "R"을 전송하고 ▦을 LED에 표시합니다.

❸ 왼쪽 기울임을 감지했을 때 오프라인 통신으로 "L"을 전송하고 ▦을 LED에 표시합니다.

❹ A버튼을 눌렀을 때 오프라인 통신으로 "F"를 전송하고 ▦을 LED에 표시합니다.

❺ B버튼을 눌렀을 때 오프라인 통신으로 "B"를 전송하고 ▦을 LED에 표시합니다.

❻ 로고가 위로 향하는 움직임이 감지됐을 때 오프라인 통신으로 "OFF"를 전송하고 ▦을 LED에 표시합니다.

준비하기

수신용 마퀸 카를 준비합니다.

프로그래밍하기

송신용 마이크로비트로부터 값을 수신받아 무선으로 움직이는 청소기를 만듭니다.

```
Maqueen 메인 프로그램 시작
열기 ▾ 오프라인 통신
오프라인 채널을 7 로 설정하기                    ❶

오프라인 데이터 를 수신할 때
만약  오프라인 데이터 = R  (이)라면 실행하기
  그림 ✦ 표시하기
  로봇을 100 의 속도로 오른쪽 회전 ▾ 하기        ❷
  1 초 기다리기
  로봇(좌측 우측 모터)정지
만약  오프라인 데이터 = L  (이)라면 실행하기
  그림 ✦ 표시하기
  로봇을 100 의 속도로 왼쪽 회전 ▾ 하기          ❸
  1 초 기다리기
  로봇(좌측 우측 모터)정지
만약  오프라인 데이터 = F  (이)라면 실행하기
  그림 ✦ 표시하기
  로봇을 100 의 속도로 전진하기 ▾ 하기           ❹
  1 초 기다리기
  로봇(좌측 우측 모터)정지
만약  오프라인 데이터 = B  (이)라면 실행하기
  그림 ✦ 표시하기
  로봇을 100 의 속도로 후퇴하기 ▾ 하기           ❺
  1 초 기다리기
  로봇(좌측 우측 모터)정지
만약  오프라인 데이터 = OFF  (이)라면 실행하기
  그림 ✖ 표시하기                              ❻
  로봇(좌측 우측 모터)정지
```

❶ 수신용 마퀸 카의 오프라인 통신을 열고, 통신 채널을 7로 설정합니다.

❷ 오프라인(수신된) 데이터가 "R"이라면 ✦을 LED에 표시하고, 마퀸 카를 오른쪽으로 회전하고 모터를 정지합니다.

❸ 오프라인(수신된) 데이터가 "L"이라면 ✦을 LED에 표시하고, 마퀸 카를 왼쪽으로 회전하고 모터를 정지합니다.

❹ 오프라인(수신된) 데이터가 "F"라면 ✦을 LED에 표시하고, 마퀸 카를 앞쪽으로 이동하고 모터를 정지합니다.

❺ 오프라인(수신된) 데이터가 "B"라면 ✦을 LED에 표시하고, 마퀸 카를 뒤쪽으로 이동하고 모터를 정지합니다.

❻ 오프라인(수신된) 데이터가 "OFF"라면 ✖을 LED에 표시하고, 마퀸 카의 좌우 모터를 정지합니다.

 # 프로그램 실행하고 개선 방법 생각해 보기

실행이 잘 되나요? 생각한 대로 되지 않았다면 Q&A 코너로 이동하고,
실행이 잘 된다면 추가하고 싶은 기능이나 개선할 점 이 무엇인지 생각해 봅시다.

 Q&A

 마퀸 카에 명령이 전송되지 않아요.

 오프라인 채널을 7 로 설정하기
명령어로 설정되었는지 확인해 보세요.

 마이크로비트 로고가 위로 향하게 ▾ 명령어는
어떻게 움직여야 하는 거예요?

마이크로비트의 USB 연결 부분이 하늘로 향하도록 해 보세요.

 추가하고 싶은 기능이나 개선할 점

 무선 청소기를 조종하다 보니 벽이나 장애물에
부딪히는데 어떻게 해야 할까?

초음파 센서를 이용해서 장애물이 근처에 있으면
무선 청소기가 자동으로 멈추도록 해 보세요!

활동 **5**

빛으로 말해요

이런... 친구들과 마퀸 카를 조종하다가 서로 부딪혔네요.
이런 사고를 막는 좋은 방법은 없을까요?

RGB LED로 해결할 수
있습니다!

학습 목표

1 RGB LED의 쓰임을 압니다.

2 RGB LED로 내 생각을 전달하는
활동을 할 수 있습니다.

준비물

마퀸 카

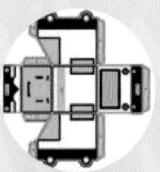
자동차 전개도

길 모형

예제 주소 (길 따라)https://bit.ly/3rBE14K (빛으로) https://bit.ly/2sBB8Xg

해결 과제 알아보기

태환이와 햇님이가 RGB LED를 이용하여 해결해야 할 과제는 무엇인지
알아봅시다.

마이크로비트로 마퀸 카를 움직이다가 다른 친구의 마퀸 카와 부딪히는 사고가
발생했어요. 이런 사고를 막을 수 있는 좋은 방법이 없을까요?

오른쪽으로 회전하기　　　　왼쪽으로 회전하기

② 해결 방안 생각하기

친구의 마퀸 카와 부딪히지 않도록 운행 방향을 바꿀 때
친구에게 미리 알려 줄 수 있는 방법을 함께 생각해 봅시다.

> 네가 방향을 바꿀 때 미리
> 신호를 보냈다면 부딪히지
> 않았을 것 같아!

> 방향을 바꿀 때
> 신호로 알려 주는 방법을
> 생각해 보자!

마퀸 카의 RGB LED 센서는 어디 있을까요?

RGB LED

RGB LED 센서는 전기 에너지를 빛으로
변환하는 센서로 빨간색, 녹색, 파란색 등의
다양한 색으로 빛납니다. 마퀸 카에서는
핀15에 연결되어 있으며, RGB LED 4개가
왼쪽 그림과 같은 위치에 있습니다.

 **생각하며 배우기**　　**RGB LED 활용 사례**

신호등과 자동차 후미등은 전달하고 싶은 내용을 서로 약속한 빛의 색이나 위치를 이용하여 전달
하는 사례입니다. 이때, 빛을 내기 위해서는 RGB LED가 필요합니다.

신호등▶　　　　　　　　　　　　　　　　　　　　　　　　◀자동차 후미등

③ 나의 생각 프로그래밍하기

운행 방향을 바꾸기 전에 알려 주는 프로그램을 만들어 봅시다.

프로그램 순서 나열해 보기

1 길 따라 움직이기   **2** 빛으로 방향 전환 신호 만들기

명령어 블록 알아보기

RGB LED가 작동하기 위해서는 아래와 같은 'RGB 조명' 명령어 블록이 필요합니다.
RGB 0, 1, 2, 3 각 4개의 LED마다 다른 명령을 내릴 수 있습니다.

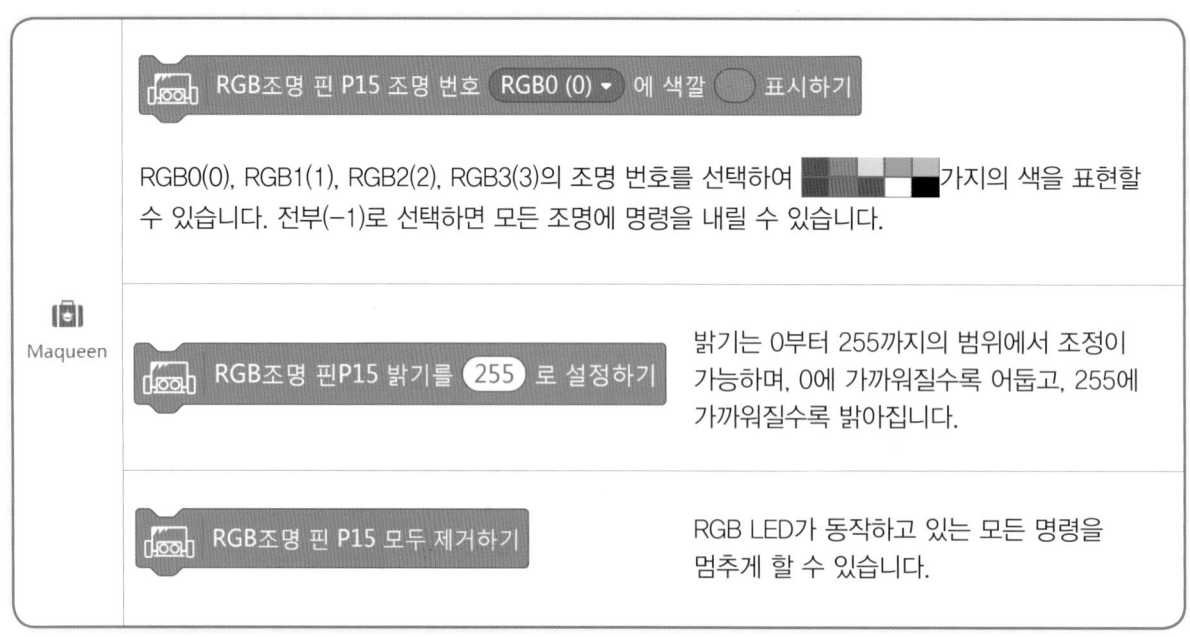

Maqueen

RGB조명 핀 P15 조명 번호 RGB0 (0) ▼ 에 색깔 ◯ 표시하기

RGB0(0), RGB1(1), RGB2(2), RGB3(3)의 조명 번호를 선택하여 ▆▆▆ 가지의 색을 표현할 수 있습니다. 전부(-1)로 선택하면 모든 조명에 명령을 내릴 수 있습니다.

RGB조명 핀P15 밝기를 255 로 설정하기

밝기는 0부터 255까지의 범위에서 조정이 가능하며, 0에 가까워질수록 어둡고, 255에 가까워질수록 밝아집니다.

RGB조명 핀 P15 모두 제거하기

RGB LED가 동작하고 있는 모든 명령을 멈추게 할 수 있습니다.

1 길 따라 움직이기

>> 준비 하기

❶ 길을 따라 이동하기 위하여 전진과 회전의 속도값을 확인합니다.

❷  명령 블록은 제어에 있어요.

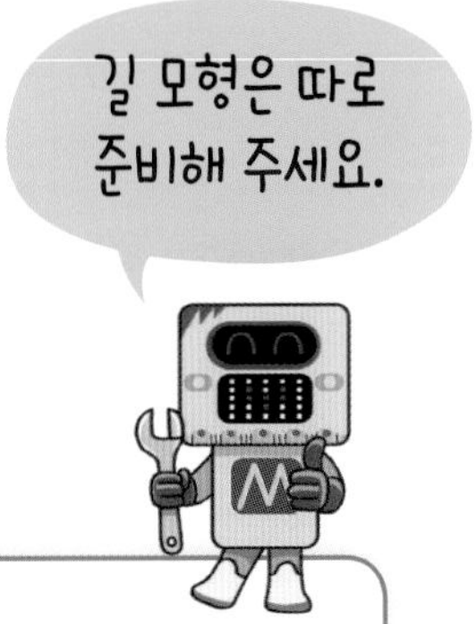

> 길 모형은 따로
> 준비해 주세요.

>> 프로그래밍 하기

전진과 회전을 번갈아 가며 마퀸 카가 움직입니다.

```
Maqueen 메인 프로그램 시작
  2 번 중복 실행하기                        ❶
    로봇을 200 의 속도로 전진하기 ▾ 하기
    1 초 기다리기
    5 번 중복 실행하기                      ❷
      로봇을 34 의 속도로 오른쪽 회전 ▾ 하기
      0.5 초 기다리기
    로봇을 200 의 속도로 전진하기 ▾ 하기
    1 초 기다리기
    5 번 중복 실행하기                      ❸
      로봇을 34 의 속도로 왼쪽 회전 ▾ 하기
      0.5 초 기다리기
  로봇을 200 의 속도로 전진하기 ▾ 하기      ❹
  1 초 기다리기
  로봇(좌측 우측 모터)정지
```

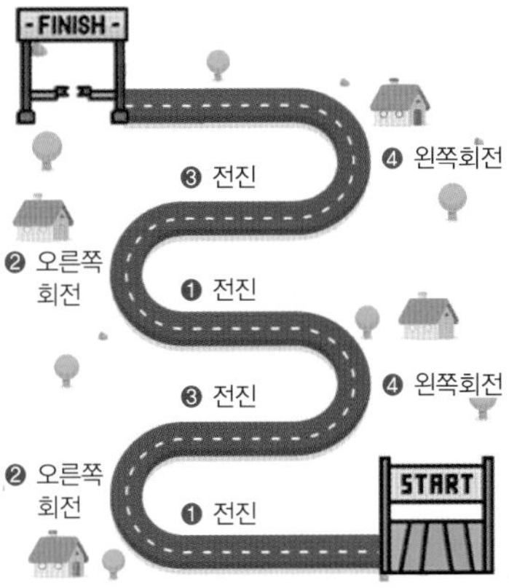

[길 모형 지도]
FINISH
③ 전진   ④ 왼쪽회전
② 오른쪽 회전
① 전진
③ 전진   ④ 왼쪽회전
② 오른쪽 회전
① 전진
START

❶ 동일한 구간이 2번 반복 실행됩니다.

❷ 오른쪽으로 천천히 회전을 반복하여 운행 방향이 반대가 되도록 합니다. 이때 속도값은 자신의 로봇으로 테스트한 뒤 넣도록 합니다.

❸ 오른쪽으로 회전할 때와 같이 왼쪽으로 천천히 회전을 반복하여 운행 방향을 반대로 바꿉니다.

❹ 반복 구간을 지나면 도착점까지 직진합니다. 도착점에 이르면 운행을 정지합니다.

12 빛으로 방향 전환 신호 만들기

≫ 준비 하기

RGB LED 위치
- 오른쪽으로 회전할 때: RGB2(2), RGB3(3)
- 왼쪽으로 회전할 때: RGB0(0), RGB1(1)

RGB LED 색깔
- 오른쪽으로 회전할 때: [   ]
- 왼쪽으로 회전할 때: [   ]

RGB LED 시간 회전하기 0.5초 전부터 신호로 알리고, 회전이 끝나면 신호를 멈춥니다.

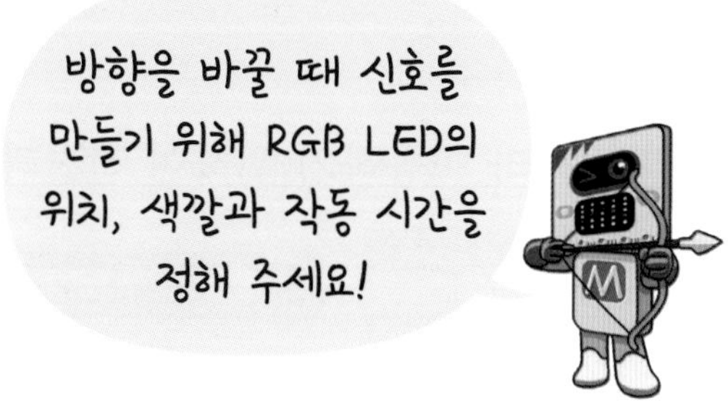

방향을 바꿀 때 신호를 만들기 위해 RGB LED의 위치, 색깔과 작동 시간을 정해 주세요!

≫ 프로그래밍 하기

앞에서 작성한 프로그램에 아래 코드를 추가합니다.

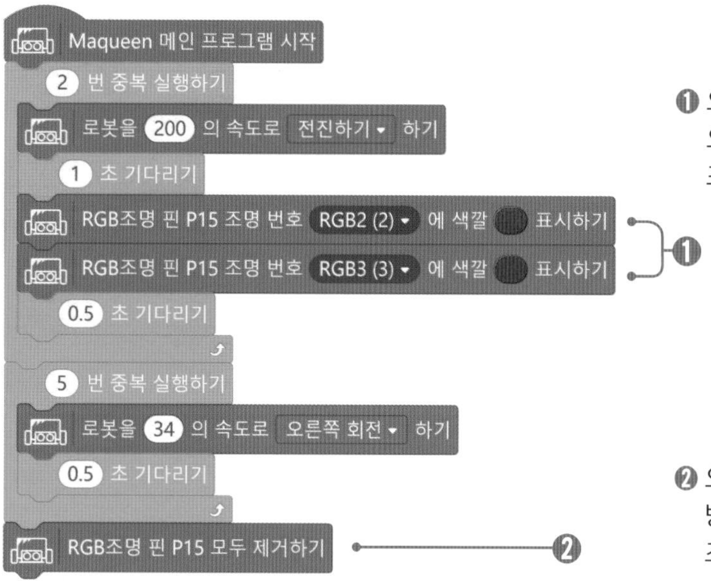

```
Maqueen 메인 프로그램 시작
  2 번 중복 실행하기
    로봇을 200 의 속도로 전진하기 ▾ 하기
    1 초 기다리기
    RGB조명 핀 P15 조명 번호 RGB2 (2) ▾ 에 색깔 ● 표시하기
    RGB조명 핀 P15 조명 번호 RGB3 (3) ▾ 에 색깔 ● 표시하기
    0.5 초 기다리기
    5 번 중복 실행하기
      로봇을 34 의 속도로 오른쪽 회전 ▾ 하기
      0.5 초 기다리기
    RGB조명 핀 P15 모두 제거하기
```

❶ 오른쪽으로 회전하기 전에 0.5초 동안 오른쪽 방향에서 빨간색 빛을 표시합니다.

❷ 오른쪽으로 회전하는 동안 오른쪽 방향은 켜져 있습니다. 회전이 끝나면 조명을 끕니다.

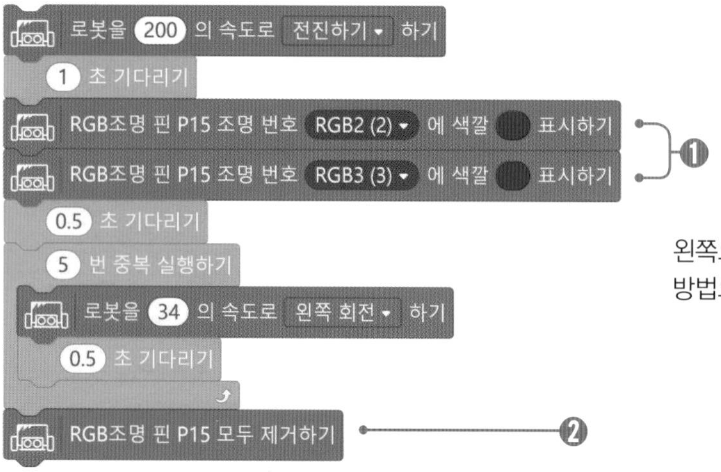

```
    로봇을 200 의 속도로 전진하기 ▾ 하기
    1 초 기다리기
    RGB조명 핀 P15 조명 번호 RGB2 (2) ▾ 에 색깔 ● 표시하기
    RGB조명 핀 P15 조명 번호 RGB3 (3) ▾ 에 색깔 ● 표시하기
    0.5 초 기다리기
    5 번 중복 실행하기
      로봇을 34 의 속도로 왼쪽 회전 ▾ 하기
      0.5 초 기다리기
    RGB조명 핀 P15 모두 제거하기
```

왼쪽으로 회전할 때에도 ❶, ❷와 동일한 방법으로 코드를 추가합니다.

④ 프로그램 실행하고 개선 방법 생각해 보기

실행이 잘 되나요? 생각한 대로 되지 않았다면 **Q&A** 코너로 이동하고,
실행이 잘 된다면 **추가하고 싶은 기능이나 개선할 점** 이 무엇인지 생각해 봅시다.

Q&A

회전한 후에도 RGB LED가 꺼지지 않아요.

RGB조명 핀 P15 모두 제거하기 명령 블록을 추가했는지 확인해 보세요.

왼쪽으로 회전하는데, 오른쪽의 RGB LED가 켜져요.

RGB조명 핀 P15 조명 번호 RGB0 (0) ▾ 에 색깔 ◯ 표시하기 의
조명 번호가 RGB0(0), RGB1(1)인지 확인해 보세요.

추가하고 싶은 기능이나 개선할 점

운전을 하다가 고맙거나 사과할 일이 생기면 상대방에게
내 마음을 전달할 수 있으면 좋겠어요.

라디오 송신 기능을 이용하면 상대방에게 메시지를
전달할 수 있어요. 다음 활동에서 만들어 봐요!

교과 연계	사용할 장치
과학	RGB LED

활동 6

운전하며 마음을 전달해요

이런… 친구들과 마퀸 카를 조종하다가 서로 부딪혔네요.
미안한 마음을 어떻게 전달할까요?

RGB LED로
해결할 수 있습니다!

학습 목표

1 RGB LED를 활용할 수 있습니다.

2 RGB LED를 활용하여 송수신
활동을 할 수 있습니다.

준비물

마퀸 카

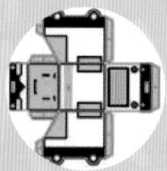
자동차 전개도

길 모형

예제 주소 (송신)https://bit.ly/2RjSXEC (수신)https://bit.ly/388RWp9

1 해결 과제 알아보기

태환이와 햇님이가 RGB LED를 이용하여 개선하고 싶은 과제는
무엇인지 알아봅시다.

태환이와 햇님이는 마퀸 카를 운전하다 보면 다른 친구에게 고맙다거나 미안하다고
인사하기가 어렵다고 합니다. 친구에게 마음을 전달할 수 있는 좋은 방법은
없을까요?

RGB LED를 이용해서 메시지 신호를 보내고
메시지를 받을 수 있게 해 봐!

 # 해결 방안 생각하기

운전 중에 상대 마쿼 카에 나의 마음을 전달할 수 있는 방법을 함께 생각해 봅시다.

활동13에서 송수신으로
메시지를 보낼 수 있었지?
운전 중이라 내가 보낸 메시지를
못 보면 어떡하지?

전달하고 싶은 메시지마다
빛의 색을 다르게 정하면
더 잘 알아볼 수
있지 않을까?

RGB LED 센서를 알아볼까요?

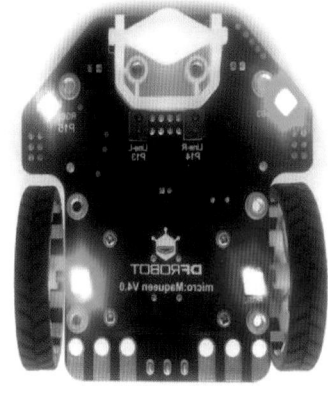

RGB LED는 빛의 3원색인 빨간색, 녹색, 파란색 LED를 하나의 LED로 합친 것으로 세 가지 빛을 섞어서 다양한 색을 표현합니다.

색상은 색을 섞으면 어두워지지만, 빛은 색을 섞으면 밝아집니다. 그래서 세 가지의 빛을 모두 섞으면 흰색으로 빛납니다.

RGB 색상을 확인
할 수 있어요!

 생각하며 배우기   RGB 색상(빛의 삼원색)

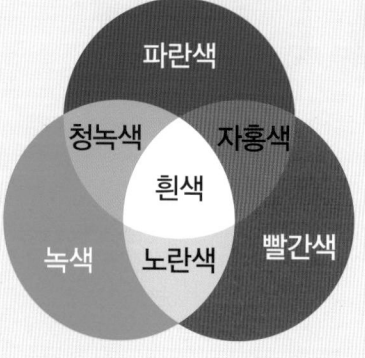

컴퓨터나 텔레비전에서 서로 다른 색의 영상을 나타낼 때에도 빨간색, 녹색, 파란색 빛을 적절히 섞어 여러 가지 빛을 만들어 냅니다. 이 세 가지 색을 빛의 3원색 또는 RGB 색상이라고 합니다. 이 세 가지 빛을 섞어 서로 다른 신호를 만들어 봅시다.

③ 나의 생각 프로그래밍하기

나의 마음을 상대 마퀸 카에 전해 주는 프로그램을 만들어 봅시다.

프로그램 순서 나열해 보기

RGB LED를 작동시키기 위해서는 아래와 같은 명령어 블록이 필요합니다.
RGB 0, 1, 2, 3 각 4개의 LED마다 다른 명령을 내릴 수 있습니다.

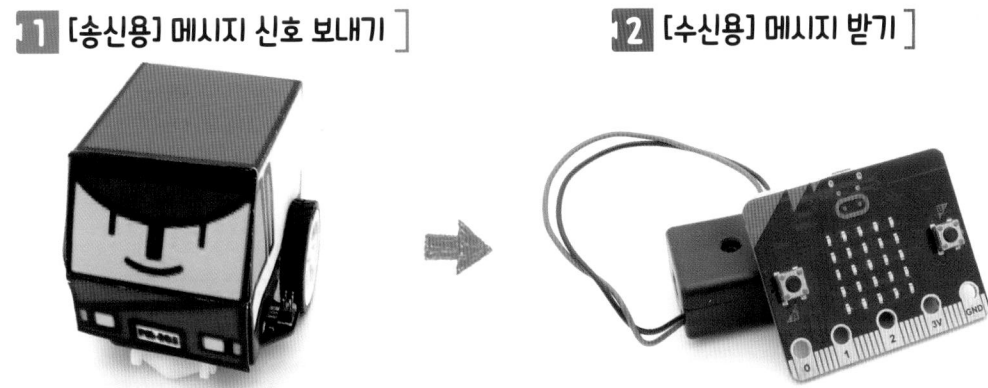

1 [송신용] 메시지 신호 보내기

2 [수신용] 메시지 받기

명령어 블록 알아보기

RGB LED에서 다양한 빛을 나타내기 위해서는 아래와 같은 명령어 블록이 필요합니다.

RGB조명 핀 P15 조명 번호 (RGB0 (0) ▾) 에 색깔 ◯ 표시하기

RGB0(0), RGB1(1), RGB2(2), RGB3(3)의 조명 번호를 선택하여 색을 표현할 수 있습니다.

Maqueen

RGB(3)   RGB(0)
RGB(2)   RGB(1)   에서 RGB LED의 조명의 위치를 확인하세요.

빨강 (255) 초록 (255) 파랑 (255)

빨강, 초록, 파랑의 값을 0부터 255까지 설정할 수 있으며, 이 블록은 위 블록의 ◯ 에 넣어 실행할 수 있습니다.

차근차근 프로그래밍하기

1 [송신용] 메시지 신호 보내기 ┈┈┈┈┈┈┈┈┈┈┈┈┈┈┈┈┈┈┈┈┈┈┈┈●

>> 준비 하기

전달하고 싶은 메시지에 따라 빛의 RGB 색상을 정해 주세요.

>> 프로그래밍 하기

빛의 색에 따라 메시지를 다르게 전송합니다. Mind+에서는 LED를 조명으로 표현합니다.

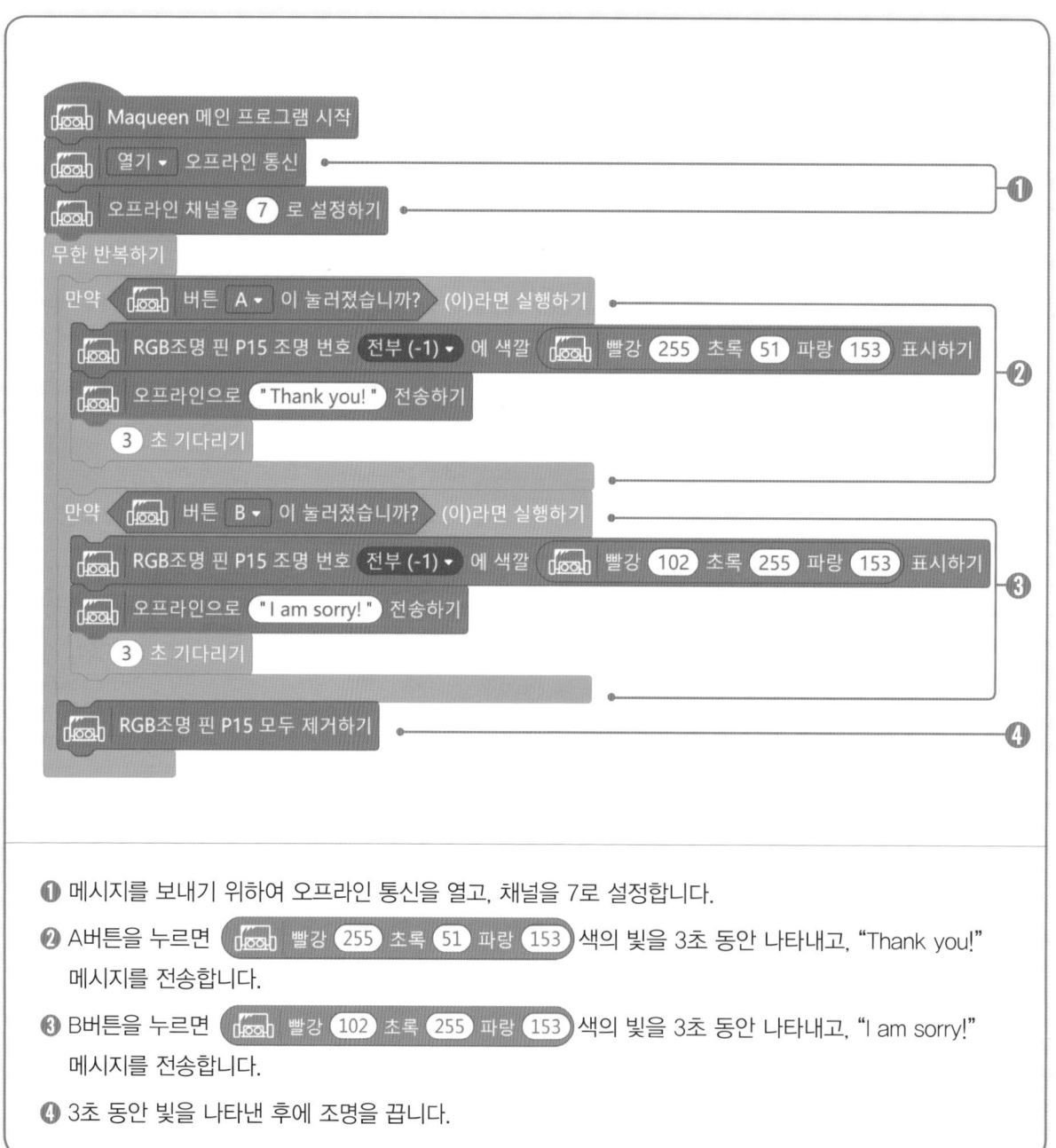

❶ 메시지를 보내기 위하여 오프라인 통신을 열고, 채널을 7로 설정합니다.

❷ A버튼을 누르면 [🤖 빨강 255 초록 51 파랑 153] 색의 빛을 3초 동안 나타내고, "Thank you!" 메시지를 전송합니다.

❸ B버튼을 누르면 [🤖 빨강 102 초록 255 파랑 153] 색의 빛을 3초 동안 나타내고, "I am sorry!" 메시지를 전송합니다.

❹ 3초 동안 빛을 나타낸 후에 조명을 끕니다.

2 [수신용] 메시지 받기

>> 준비 하기

송신용과 같은 채널로 설정해 주세요!

>> 프로그래밍 하기

오프라인 통신을 열고 채널을 송신용과 같게 설정합니다.

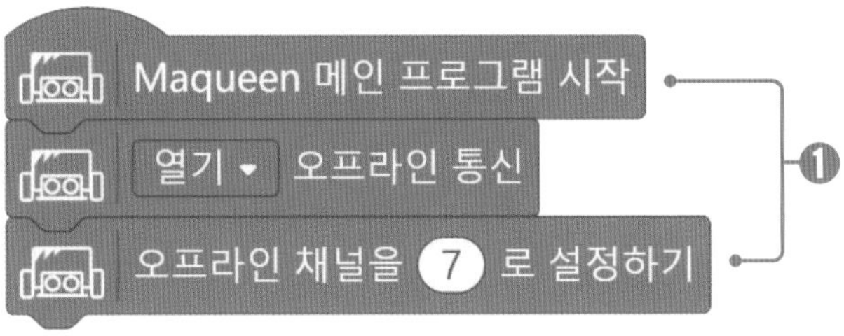

Maqueen 메인 프로그램 시작

열기 ▾ 오프라인 통신

오프라인 채널을 7 로 설정하기 ❶

❶ 메시지를 받기 위해서 오프라인 통신을 열고, 송신용 마퀸 카와 같은 채널인 7로 설정합니다.

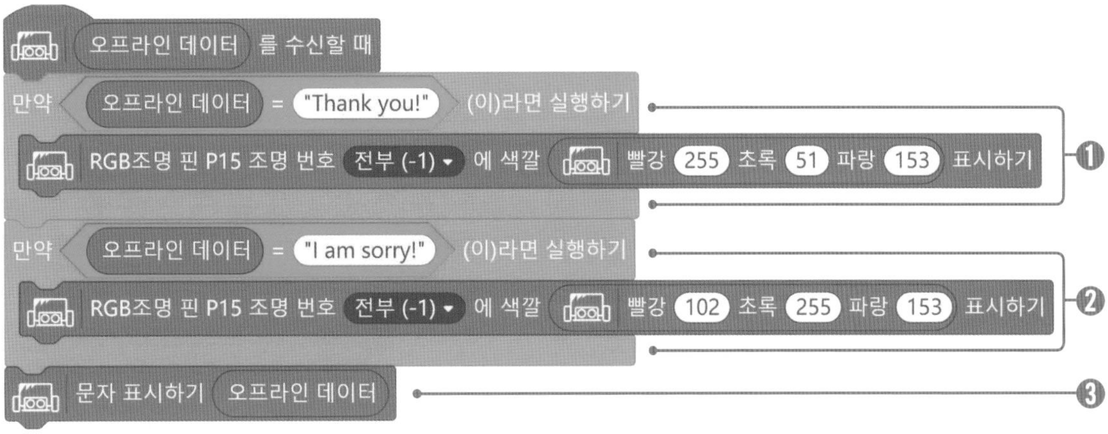

오프라인 데이터 를 수신할 때

만약 오프라인 데이터 = "Thank you!" (이)라면 실행하기

　　RGB조명 핀 P15 조명 번호 전부 (-1) ▾ 에 색깔 빨강 255 초록 51 파랑 153 표시하기 ❶

만약 오프라인 데이터 = "I am sorry!" (이)라면 실행하기

　　RGB조명 핀 P15 조명 번호 전부 (-1) ▾ 에 색깔 빨강 102 초록 255 파랑 153 표시하기 ❷

문자 표시하기 오프라인 데이터 ❸

---

❶ 전송된 데이터가 "Thank you!"라면 송신용에서 보낸 RGB(255, 51, 153) 빛의 색깔과 동일한 빛을 밝혀 메시지를 잘 받았다고 대답합니다.

❷ 전송된 데이터가 "I am sorry!"라면 송신용에서 보낸 RGB(102, 255, 153) 빛의 색깔과 동일한 빛을 밝혀 메시지를 잘 받았다고 대답합니다.

❸ 받은 메시지를 LED 매트릭스에 나타냅니다.

4 프로그램 실행하고 개선 방법 생각해 보기

전달하고 싶은 메시지마다 색을 정해 표시하여, 마퀸 카를 운전하는 중에 서로의 마음을 주고받을 수 있었나요? 생각한 대로 잘 되지 않았다면 그 까닭이 무엇인지 생각해 봅시다.

 친구 마퀸 카에 메시지가 전송되지 않아요.

 명령어로 설정되었는지 확인해 보세요.

오프라인 채널을 7 로 설정하기

 RGB LED 빛이 모두 켜지지 않아요.

RGB조명 핀 P15 조명 번호 RGB0 (0) ▾ 에 색깔 ◯ 표시하기 에서

전부 (-1) ▾ 으로 변경했는지 확인해 보세요.

 메시지를 받았을 때 다른 색으로 빛을 내고 싶어요.

빨강 255 초록 255 파랑 255 에 원하는 RGB 색상값을 입력하세요.

교과 연계
음악

사용할 장치
버저

활동 **7**

음악상자를 만들어요

내가 듣고 싶은 동요를 저장해 놓고 필요할 때마다 불러오려면 어떻게 할까요?

마퀸 카의 버저로
해결할 수 있습니다!

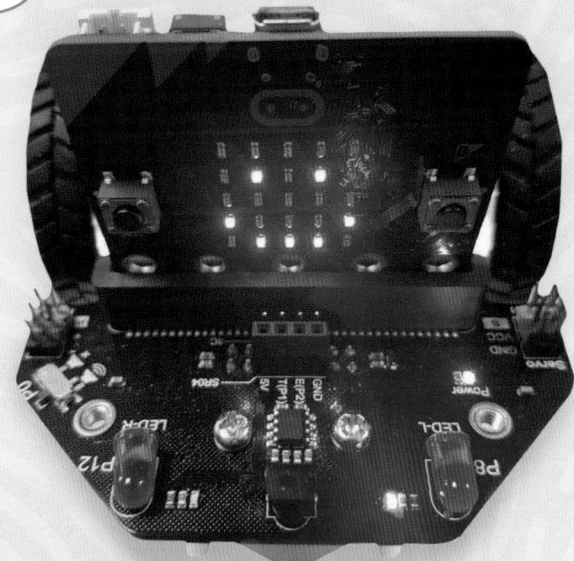

학습 목표

❶ 버저의 쓰임을 압니다.

❷ 버저를 이용하여 간단한 멜로디를
연주하는 활동을 할 수 있습니다.

준비물

마퀸 카

예제 주소 https://bit.ly/2YdduMs

1 해결 과제 알아보기

햇님이와 친구들이 버저를 이용하여 해결해야 할 과제는 무엇인지
알아봅시다.

아이들이 좋아하는 노래를 음악상자에 담아, 듣고 싶은 음악을 선택하여 들으려고
합니다. 어떤 방법을 사용하면 좋을까요?

버저를 이용하여 '구슬비'와 '똑같아요'가
연주되는 프로그램을 만들어 봐!

'구슬비' 듣기

'똑같아요' 듣기

2 해결 방안 생각하기

자신이 좋아하는 동요를 선택해서 들을 수 있는 방법을 함께 생각해 봅시다.

버저를 사용하면 소리(음)를 낼 수 있어!

버저로 음(계이름)을 표현해 보자!

마퀸 카의 버저는 어디 있을까요?

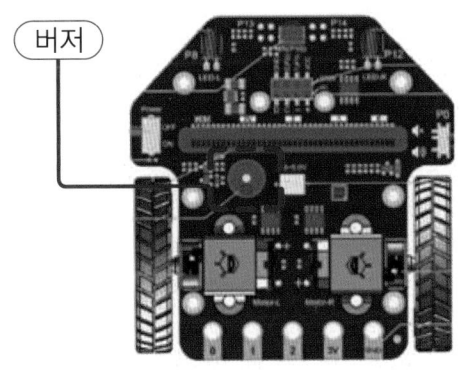

버저

버저는 경고음, 알람, 멜로디 등의 소리를 낼 때 사용합니다. 마퀸 카의 버저는 1옥타브 12음(도, 도#, 레, 레#, 미, 파, 파#, 솔, 솔#, 라, 라#, 시)의 소리를 낼 수 있으며, 3옥타브까지 표현할 수 있습니다.

 **생각하며 배우기**   음계와 주파수

아래 그림의 262는 마퀸 카의 건반으로 표시된 주파수이며, 음계의 도를 나타냅니다.
각 음의 주파수는 오른쪽 그림을 참고합니다.

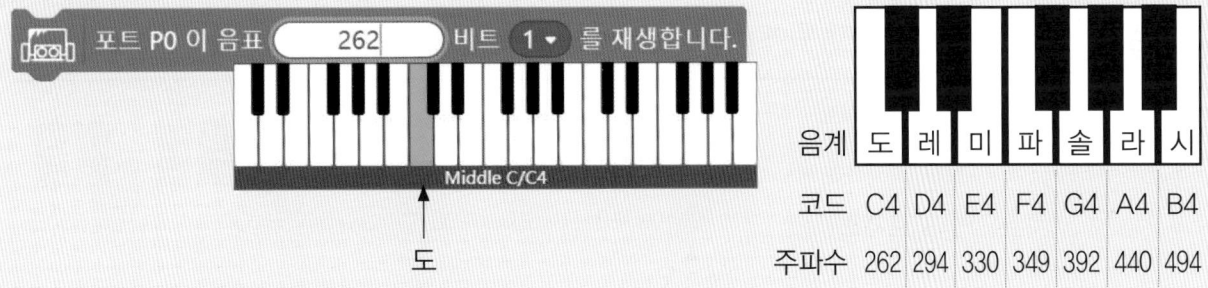

포트 P0 이 음표 262 비트 1 ▾ 를 재생합니다.

Middle C/C4

도

음계	도	레	미	파	솔	라	시
코드	C4	D4	E4	F4	G4	A4	B4
주파수	262	294	330	349	392	440	494

③ 나의 생각 프로그래밍하기

동요를 연주하는 음악상자 프로그램을 만들어 봅시다.

프로그램 순서 나열해 보기

1 '구슬비'와 '똑같아요' 함수 만들기

> 포트 P0 이 음표 `330` 비트 `1▼` 를 재생합니다.
> Middle E/E4

2 버튼에 따라 음악 연주하기

명령어 블록 알아보기

'함수'는 특정한 기능을 하는 명령어 블록을 묶어 필요할 때마다 편하게 불러서 사용할 수 있는 것입니다. 우리 활동에서는 '구슬비' 연주 명령어 블록을 묶어 함수로 만들면 편하게 불러올 수 있습니다.

제어	`0.5` 초 기다리기	기다리기 블록으로 쉼표를 나타냅니다.
변수	`A▼` 을(를) `0` 로 설정하기	'A' 변숫값을 0으로 설정합니다.
	`A▼` 을(를) `1` 로 변경하기	'A' 변숫값을 1로 변경합니다.
함수	구슬비	'구슬비' 함수를 만듭니다.
Maqueen	포트 P0 이 음표 `Middle C/C4` 비트 `1▼` 를 재생합니다.	가운데 도를 한 박자로 재생합니다.

선생님 도와주세요 Middle C가 뭐예요?

Middle C는 가운데 도를 의미해요.
오른쪽 그림을 보고 낮은 도, 가운데 도,
높은 도의 위치를 확인해 보세요.

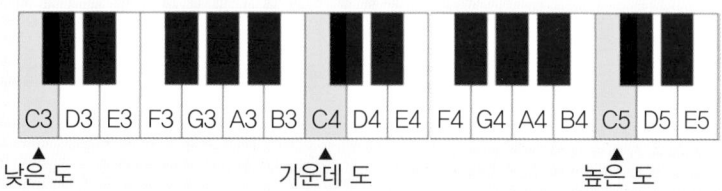
| C3 | D3 | E3 | F3 | G3 | A3 | B3 | C4 | D4 | E4 | F4 | G4 | A4 | B4 | C5 | D5 | E5 |
낮은 도　　　　　　　　　가운데 도　　　　　　　높은 도

차근차근 프로그래밍하기

1 '구슬비' 와 '똑같아요' 함수 만들기

≫ 준비하기

❶ 구슬비 코드를 준비합니다.

미	솔	솔	파	미	솔	솔	파	미	솔	파	(중략)
E	G	G	F	E	G	G	F	E	G	F	

❷ [함수] – 블록 만들기 – [text 라벨 넣기] – [블록 이름] – '구슬비' 함수를 만듭니다.

≫ 프로그래밍하기

'구슬비'와 '똑같아요' 함수를 만들고, 계이름을 입력합니다.

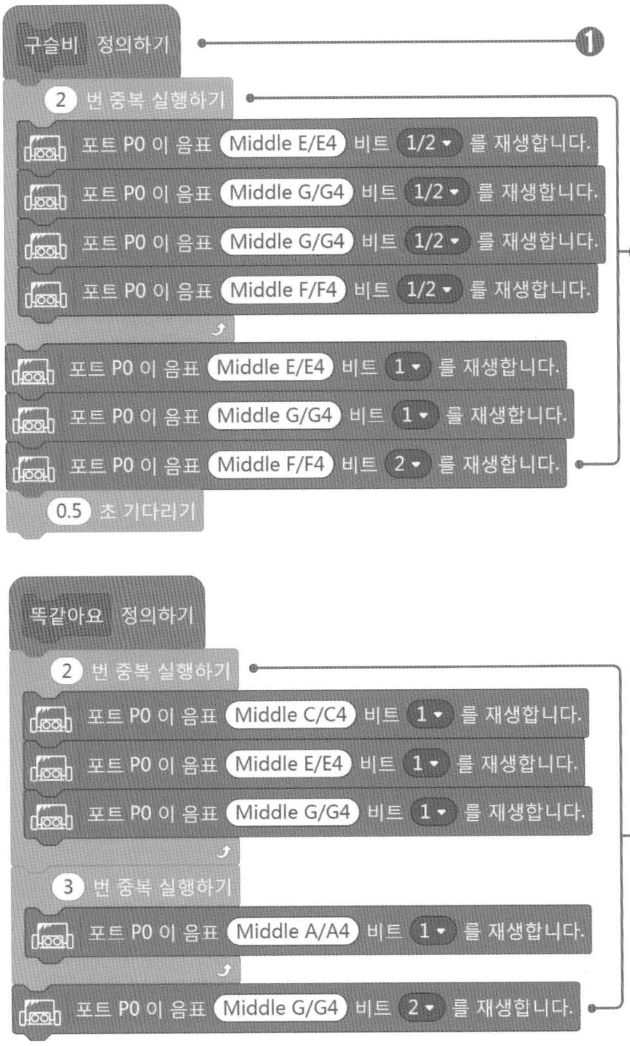

```
구슬비 정의하기                                        ❶
  2 번 중복 실행하기
    포트 P0 이 음표 ( Middle E/E4 ) 비트 1/2 ▼ 를 재생합니다.
    포트 P0 이 음표 ( Middle G/G4 ) 비트 1/2 ▼ 를 재생합니다.
    포트 P0 이 음표 ( Middle G/G4 ) 비트 1/2 ▼ 를 재생합니다.
    포트 P0 이 음표 ( Middle F/F4 ) 비트 1/2 ▼ 를 재생합니다.
  포트 P0 이 음표 ( Middle E/E4 ) 비트 1 ▼ 를 재생합니다.
  포트 P0 이 음표 ( Middle G/G4 ) 비트 1 ▼ 를 재생합니다.
  포트 P0 이 음표 ( Middle F/F4 ) 비트 2 ▼ 를 재생합니다.
  0.5 초 기다리기

똑같아요 정의하기
  2 번 중복 실행하기
    포트 P0 이 음표 ( Middle C/C4 ) 비트 1 ▼ 를 재생합니다.
    포트 P0 이 음표 ( Middle E/E4 ) 비트 1 ▼ 를 재생합니다.
    포트 P0 이 음표 ( Middle G/G4 ) 비트 1 ▼ 를 재생합니다.
  3 번 중복 실행하기
    포트 P0 이 음표 ( Middle A/A4 ) 비트 1 ▼ 를 재생합니다.
  포트 P0 이 음표 ( Middle G/G4 ) 비트 2 ▼ 를 재생합니다.
```

❶ 함수의 이름을 '구슬비'와 '똑같아요'로 정합니다.

❷ 숫자 부분을 클릭하면 피아노 모양이 나옵니다. 건반을 클릭하여 해당하는 코드의 음과 필요한 박자를 선택하여 지정합니다.

구슬비
권오순 작사
안병원 작곡

보통빠르게

1. 송 알 송 알 싸 리 잎 에 은 구 슬
2. 고 이 고 이 오 색 실 에 꿰 어 서

조 롱 조 롱 거 미 줄 에 옥 구 슬
달 빛 새 는 창 문 가 에 두 라 고

대 롱 대 롱 풀 잎 마 다 총 총
포 슬 포 슬 구 슬 비 는 종 일

방 긋 웃 는 꽃 잎 마 다 송 송 송
예 쁜 구 슬 맺 히 면 서 솔 솔 솔

똑같아요
윤석중 작사
외국 곡

보통 빠르게

mp

1. 무 엇 이 무 엇 이 똑 같 은 가
2. 무 엇 이 무 엇 이 똑 같 은 가

젓 가 락 두 짝 이 똑 같 아 요
윷 가 락 네 짝 이 똑 같 아 요

※ 나머지 부분은 악보를 참조하여 명령 블록을 완성하세요. 나만의 노래도 작곡해서 넣어 보세요.

12 버튼에 따라 음악 연주하기

>> 준비 하기

❶ [변수] ─ [새 숫자형 변수 만들기] ─'A' 변수를 만듭니다.

❷ [변수] ─ [새 숫자형 변수 만들기] ─'B' 변수를 만듭니다.

>> 프로그래밍 하기

버튼을 누를 때마다 음악이 겹쳐서 연주되지 않도록 합니다.

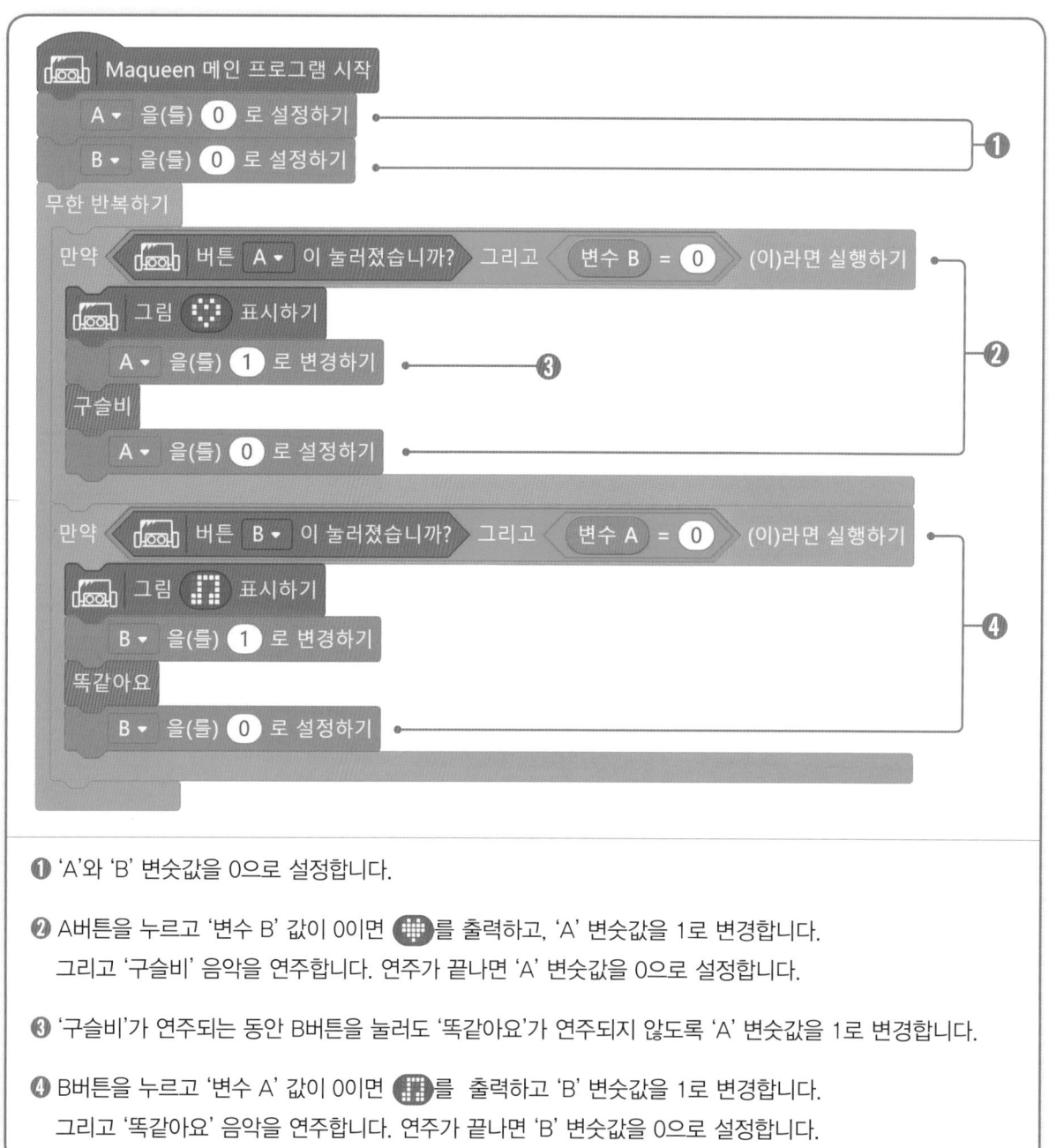

❶ 'A'와 'B' 변숫값을 0으로 설정합니다.

❷ A버튼을 누르고 '변수 B' 값이 0이면 ▦를 출력하고, 'A' 변숫값을 1로 변경합니다.
그리고 '구슬비' 음악을 연주합니다. 연주가 끝나면 'A' 변숫값을 0으로 설정합니다.

❸ '구슬비'가 연주되는 동안 B버튼을 눌러도 '똑같아요'가 연주되지 않도록 'A' 변숫값을 1로 변경합니다.

❹ B버튼을 누르고 '변수 A' 값이 0이면 ▦를 출력하고 'B' 변숫값을 1로 변경합니다.
그리고 '똑같아요' 음악을 연주합니다. 연주가 끝나면 'B' 변숫값을 0으로 설정합니다.

 # 프로그램 실행하고 개선 방법 생각해 보기

실행이 잘 되나요? 생각한 대로 되지 않았다면 **Q&A** 코너로 이동하고,
실행이 잘 된다면 **추가하고 싶은 기능이나 개선할 점** 이 무엇인지 생각해 봅시다.

 연주하는데 음이 맞지 않는 것 같아요.

포트 P0 이 음표 **Middle C/C4** 비트 **1 ▾** 를 재생합니다.

계이름 코드와 코딩 블록이 맞는지 확인해 보세요.

박자는 어떻게 입력하나요?

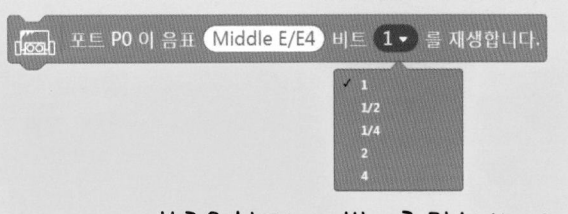
포트 P0 이 음표 **Middle E/E4** 비트 **1 ▾** 를 재생합니다.

| ✓ 1 |
| 1/2 |
| 1/4 |
| 2 |
| 4 |

블록을 참조해서 박자를 맞춰 보세요.

 **추가하고 싶은 기능이나 개선할 점**

 즐거운 음악을 듣고 있으니 마퀸 카와 함께 춤을 추고 싶어요.

음악에 맞춰 춤추는 마퀸 카는 다음 활동에서 만들어 봐요!

활동 8
음악에 맞춰 춤춰 봐요

친구와 음악에 맞춰 춤을 추고 싶다구요?

마퀸 카의 버저로
해결할 수 있습니다!

학습 목표

❶ 버저의 쓰임을 말할 수 있습니다.

❷ 버저를 이용하여 음악에 맞춰 움직이게
하는 활동을 할 수 있습니다.

준비물

마퀸 카

생일 케이크 모형

예제 주소 https://bit.ly/34NhVQL

 # 해결 과제 알아보기

햇님이가 버저를 이용하여 해결해야 할 과제는 무엇인지 알아봅시다.

햇님이는 즐거운 음악에 맞춰 마퀸 카와 춤을 추고 싶다고 합니다. 마퀸 카와 춤을
추려면 어떻게 해야 할까요?

전진하기   후퇴하기   회전하기

 # 해결 방안 생각하기

마퀸 카와 음악에 맞춰 춤을 출 수 있는 방법을 함께 생각해 봅시다.

마퀸 카에 내장된 음악 중에 'BIRTHDAY'가 있는데, 이 음악에 맞춰 함께 춤을 추고 싶어!

음악에 맞춰 움직이는 마퀸 카를 만들어 보자!

마퀸 카의 버저는 어떻게 작동시키나요?

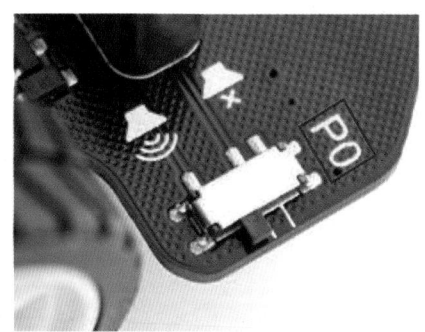

마퀸 카의 버저는 전원 버튼이 별도로 부착되어 있습니다. 그래서 마퀸 카의 전원을 사용하지 않고 소리를 켜고 끌 수 있습니다. 그리고 전원이 꺼져 있을 때에는 P0번을 확장 포트로 사용할 수 있습니다.

 **생각하며 배우기**   마퀸 카를 춤추게 하려면?

춤은 자유롭게 장단에 맞추거나 신나서 몸을 율동적으로 움직여 뛰노는 동작입니다.
마퀸 카는 팔다리가 없으니 음악에 맞춰 춤을 추는 것처럼 움직임을 구성해야 합니다. 마퀸 카는 앞쪽과 뒤쪽 또는 왼쪽과 오른쪽으로 움직일 수 있고, 오른쪽이나 왼쪽으로 돌 수도 있습니다.
이 동작들을 음계와 박자의 변화에 맞춰 구성합니다.

③ 나의 생각 프로그래밍하기

'BIRTHDAY' 음악에 어울리는 동작을 나열해 보고 프로그램을 만들어 봅시다.

프로그램 순서 나열해 보기

1 'BIRTHDAY' 음악에 어울리는 동작 생각하기

1. 앞으로 전진
2. 스마일 표시하기
3. 뒤로 후퇴
4. 작은 하트 출력하기
5. 오른쪽으로 정방향 돌기
6. 왼쪽으로 정방향 돌기
7. 작은 하트가 큰 하트로 변하기

2 춤추기

명령어 블록 알아보기

버저로 음악을 연주하고, 움직임을 표현하려면 아래와 같은 명령어 블록이 필요합니다.

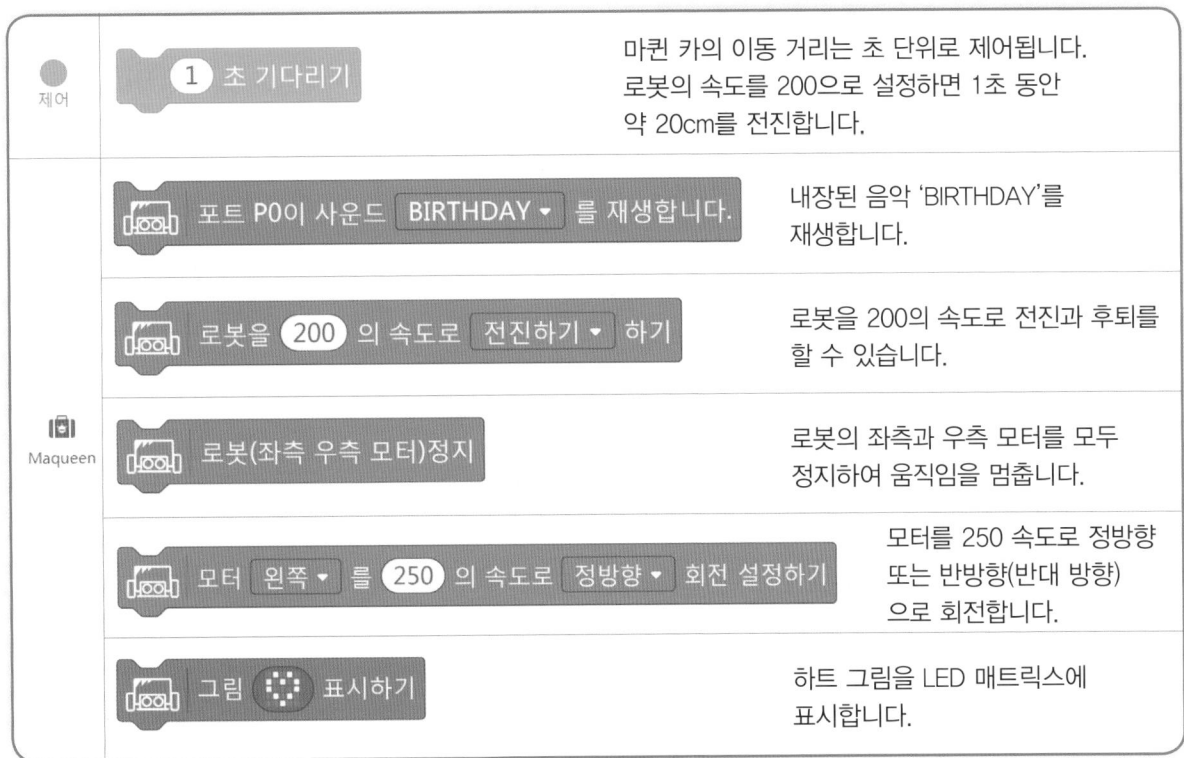

	명령어 블록	설명
제어	1 초 기다리기	마퀸 카의 이동 거리는 초 단위로 제어됩니다. 로봇의 속도를 200으로 설정하면 1초 동안 약 20cm를 전진합니다.
Maqueen	포트 P0이 사운드 BIRTHDAY ▼ 를 재생합니다.	내장된 음악 'BIRTHDAY'를 재생합니다.
	로봇을 200 의 속도로 전진하기 ▼ 하기	로봇을 200의 속도로 전진과 후퇴를 할 수 있습니다.
	로봇(좌측 우측 모터)정지	로봇의 좌측과 우측 모터를 모두 정지하여 움직임을 멈춥니다.
	모터 왼쪽 ▼ 를 250 의 속도로 정방향 ▼ 회전 설정하기	모터를 250 속도로 정방향 또는 반방향(반대 방향)으로 회전합니다.
	그림 ❤ 표시하기	하트 그림을 LED 매트릭스에 표시합니다.

1 'BIRTHDAY' 음악에 어울리는 동작 생각하기

≫ 준비 하기

생각해 둔 'BIRTHDAY' 음악에 어울리는 동작을 순서대로 나열합니다.

≫ 프로그래밍 하기

'BIRTHDAY' 음악에 어울리는 동작을 코딩합니다. ❺, ❻번 블록을 이어서 만듭니다.

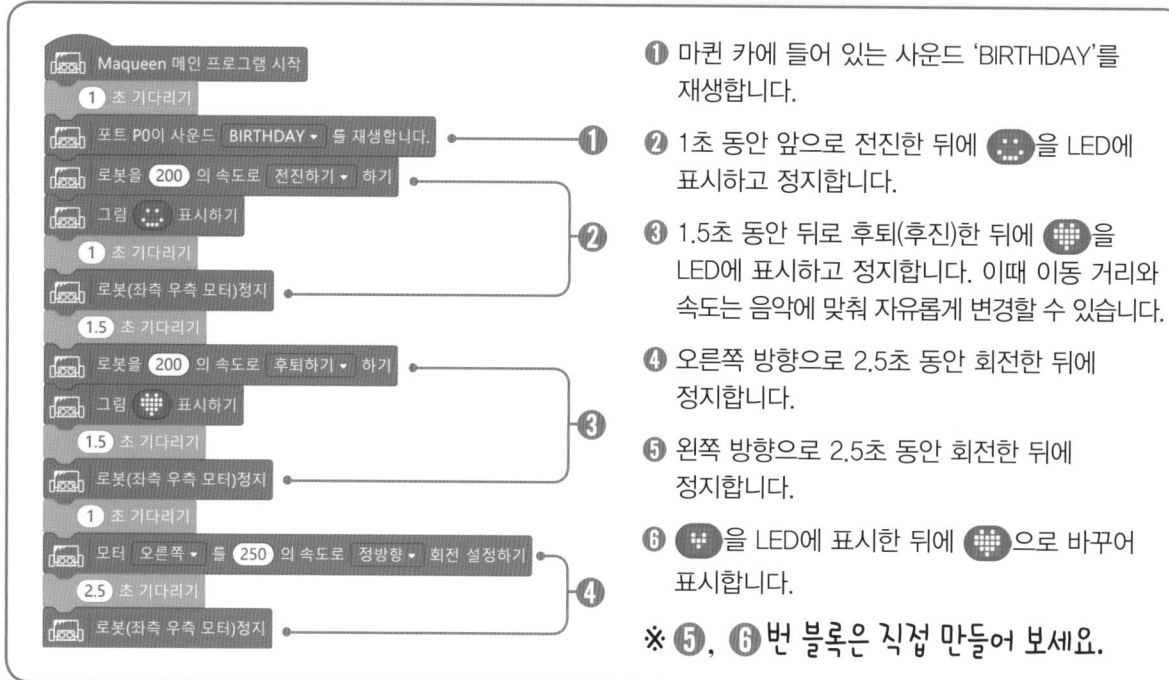

❶ 마퀸 카에 들어 있는 사운드 'BIRTHDAY'를 재생합니다.

❷ 1초 동안 앞으로 전진한 뒤에 😐 을 LED에 표시하고 정지합니다.

❸ 1.5초 동안 뒤로 후퇴(후진)한 뒤에 ⬛ 을 LED에 표시하고 정지합니다. 이때 이동 거리와 속도는 음악에 맞춰 자유롭게 변경할 수 있습니다.

❹ 오른쪽 방향으로 2.5초 동안 회전한 뒤에 정지합니다.

❺ 왼쪽 방향으로 2.5초 동안 회전한 뒤에 정지합니다.

❻ ⬛ 을 LED에 표시한 뒤에 ⬛ 으로 바꾸어 표시합니다.

※ ❺, ❻번 블록은 직접 만들어 보세요.

4 프로그램 실행하고 개선 방법 생각해 보기

마퀸 카가 생각한 대로 움직이지 않았다면 그 까닭이 무엇인지 생각해 봅시다.

마퀸 카가 계속 전진하고 멈추지 않아요.

로봇(좌측 우측 모터)정지 블록을 이용해 멈춰 보세요.

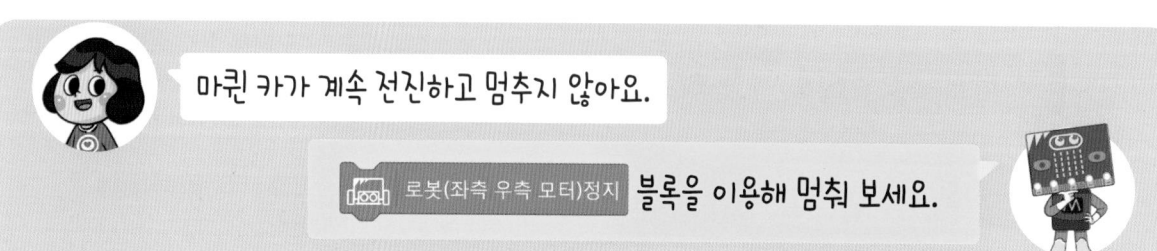

기본

활동 9

바코드 스캐너를 만들어요

녹색장터가 열렸네요. 그런데 물건 가격을 다 외우지 못해 어려움을 겪고 있어요.

마퀸 카의 적외선 센서로 해결할 수 있습니다!

학습 목표

❶ 적외선 센서의 쓰임을 압니다.

❷ 적외선 센서로 바코드를 읽어들이는 활동을 할 수 있습니다.

준비물

마퀸 카

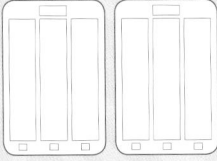
바코드 카드

예제 주소 https://bit.ly/2LJmgwⅠ

해결 과제 알아보기

태환이와 경선이가 녹색장터에서 물건을 판매하기 위해 해결해야 할
과제는 무엇인지 알아봅시다.

오늘은 학교 녹색장터가 열리는 날, 집에서 사용하지 않는 물건들을 가져와
친구들에게 판매를 준비하고 있던 태환이와 경선이는 물건의 가격을 외우지 못해
고생하고 있어요. 해결 방법은 없을까요?

물건의 가격 정보가 담겨 있는 바코드를
읽을 수 있는 바코드 스캐너를 만들면 문제 해결!

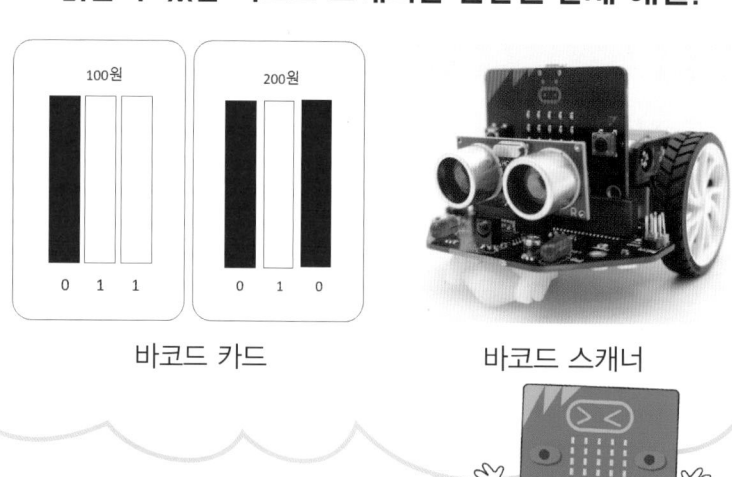

바코드 카드

바코드 스캐너

② 해결 방안 생각하기

전달하려는 정보를 누구나 쉽게 이해하도록 그림으로 표현하는 방법을
생각해 봅시다.

제품 포장에 붙어 있는 하얗고 검은 막대기 그림은 뭘까? 또, 어디에 쓰이는 걸까?

그건 바코드라고 해. 바코드 스캐너로 그림을 읽어 제품 정보를 확인할 수 있지. 우리도 판매할 물건에 바코드를 붙여 보자!

바코드 스캐너로 제품
정보를 확인하는 모습

마퀸 카의 적외선 센서는 어디 있을까요?

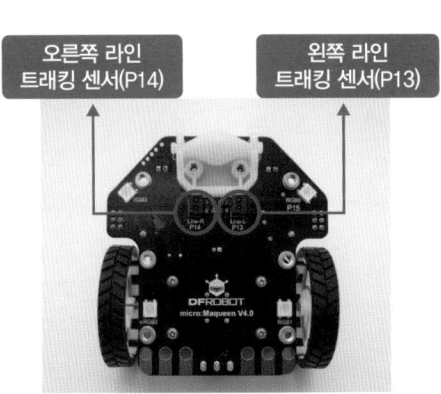

오른쪽 라인 트래킹 센서(P14)   왼쪽 라인 트래킹 센서(P13)

마퀸 카 바닥에는 검은색과 흰색을 구분할 수 있는
두 개의 적외선 센서(P13, P14)가 있습니다. 바닥에
그려진 선을 따라 움직이는 로봇 역할을 하는 라인
트레이서에 사용되기 때문에 라인 트래킹 센서라고도
합니다.

- 검은색 위에 적외선 센서(라인 트래킹 센서)를 가까이 하면 (0)의 값으로 나타냅니다.
- 흰색 위에 적외선 센서(라인 트래킹 센서)를 가까이 하면 (1)의 값으로 나타냅니다.

 **생각하며 배우기**   적외선

적외선은 사람이 눈으로 볼 수 있는 가시광선보다 파장이
긴 영역이며, 열을 가진 모든 물체가 적외선을 방출하여
열선이라고도 합니다.
적외선 카메라를 이용하면 주변보다 온도가 높은 물체를
감지할 수 있어 어두운 밤에도 사물을 구별할 수 있고,
적외선 감지기로 침입자를 막을 수도 있습니다.

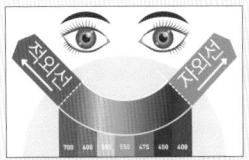

빛의 파장

적외선 감지기

적외선 카메라로
촬영한 고양이

3 나의 생각 프로그래밍하기

물건 바코드를 만들고, 스캐너로 바코드를 읽어 물건 정보를 보여 주는
프로그램을 만들어 봅시다.

프로그램 순서 나열해 보기

1 스캔 준비하기] **2** 물건 바코드 만들기] **3** 바코드 정보 스캔하기] **4** 바코드 정보 출력하기]

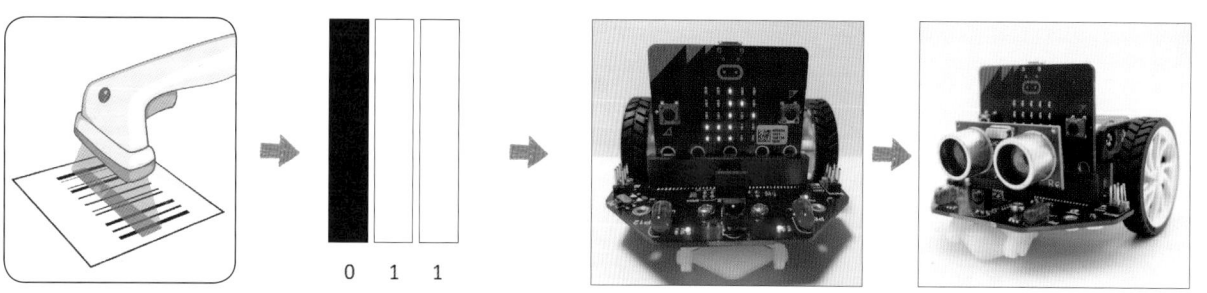

0 1 1

명령어 블록 알아보기

적외선 센서가 바코드의 검은색과 흰색을 감지하여 값으로 나타내도록
라인 트래킹 센서 블록을 사용합니다.

변수	코드 ▾ 의 모든 항목 삭제하기	선택한 '코드' 리스트의 모든 항목을 삭제하여 초기화합니다.
	"것" 을(를) 코드 ▾ 에 추가하기	입력한 값을 선택한 '코드' 리스트에 항목으로 추가합니다.
	순번 ▾ 을(를) 1 로 변경하기	선택한 '순번' 숫자형 변수에 입력한 값(1)을 더합니다.
	순번 ▾ 을(를) 0 로 설정하기	선택한 '순번' 숫자형 변수에 입력한 값(0)을 저장합니다.
	바코드 ▾ 의 값을 "hello" 로 설정하기	선택한 '바코드' 문자형 변수에 입력한 값(001)을 저장합니다.
연산	숫자 132 을 문자열로 바꾸기	입력한 숫자(132)를 문자열로 바꾼 값("132")입니다.
	"world" 의 1 번째 글자	입력한 값(world)에서 입력한 숫자(1)번째 글자값입니다.
Maqueen	라인트래킹 센서 좌측(P13) ▾ 읽기 ✓ 좌측(P13) 우측(P14)	바닥에 있는 왼쪽(좌측(P13))과 오른쪽(우측(P14)) 적외선 센서가 검은색과 흰색을 감지하여 각각 '0'과 '1'의 값을 나타냅니다.

차근차근 프로그래밍하기

1 스캔 준비하기

>> 준비하기

❶ ● 변수 – 새 숫자형 변수 만들기 를 선택하여 '입력' 변수, 새 문자형 변수 만들기 를 선택하여 '바코드' 변수를 만듭니다.

❷ 리스트 만들기 를 선택하여 '코드' 리스트를 만듭니다.

>> 프로그래밍하기

현재 라인 트래킹 센서가 감지한 색이 검은색이면 '0', 흰색이면 '1'의 값을 '코드' 변수에 저장하면서 스캔을 준비합니다.

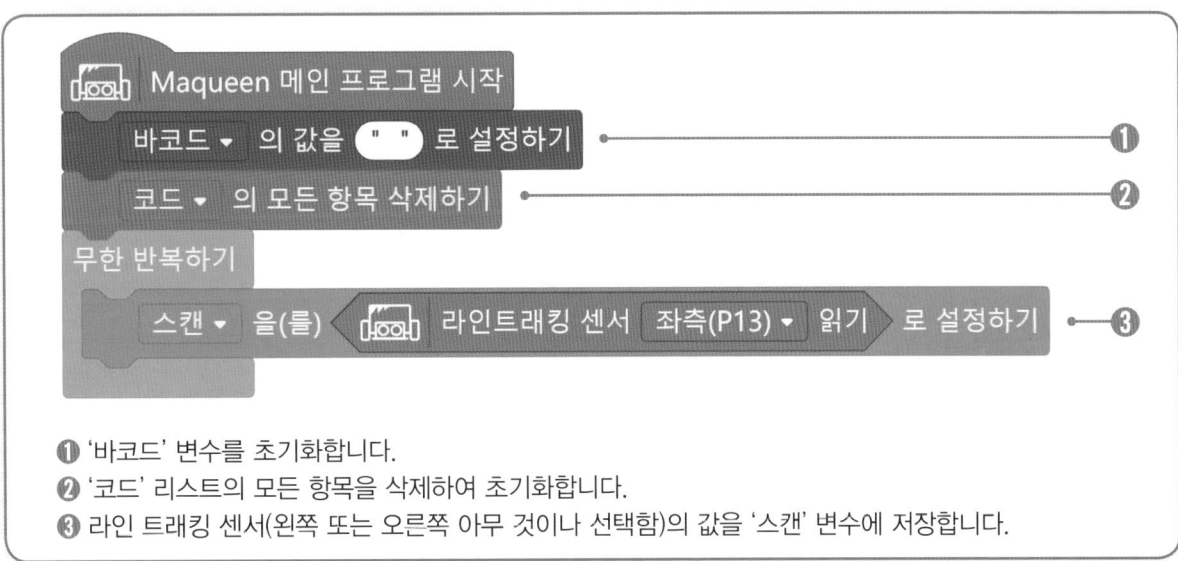

❶ '바코드' 변수를 초기화합니다.
❷ '코드' 리스트의 모든 항목을 삭제하여 초기화합니다.
❸ 라인 트래킹 센서(왼쪽 또는 오른쪽 아무 것이나 선택함)의 값을 '스캔' 변수에 저장합니다.

2 물건 바코드 만들기

>> 준비하기

❶ 부록 131쪽의 활동지를 잘라서 가격을 넣습니다.

❷ 그 아래에 검은색 막대(0) 또는 흰색 막대(1)를 나타내고, 바코드 숫자를 그려 넣습니다.

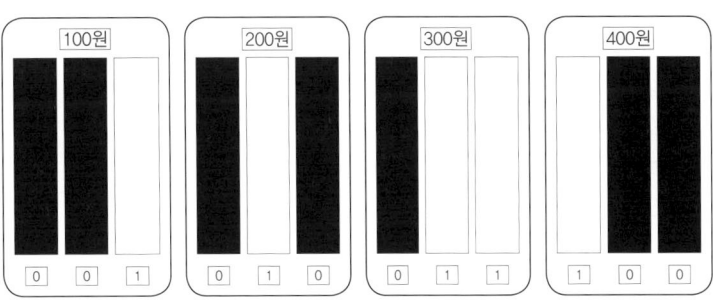

13 바코드 정보 스캔하기

>> 준비 하기

⬤변수 – 새 숫자형 변수 만들기 와 새 문자형 변수 만들기 로 변수를 만듭니다.

>> 프로그래밍 하기

A버튼을 누를 때마다 바코드의 각 자리의 색상에 해당하는 숫자값을 스캔하여 '바코드' 리스트에 저장합니다. 바코드는 세 자리입니다.

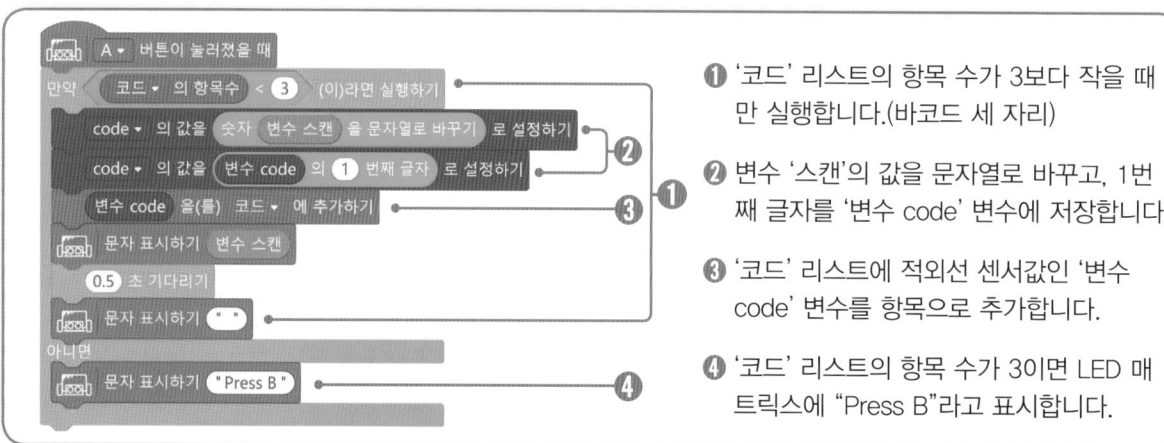

❶ '코드' 리스트의 항목 수가 3보다 작을 때 만 실행합니다.(바코드 세 자리)

❷ 변수 '스캔'의 값을 문자열로 바꾸고, 1번 째 글자를 '변수 code' 변수에 저장합니다.

❸ '코드' 리스트에 적외선 센서값인 '변수 code' 변수를 항목으로 추가합니다.

❹ '코드' 리스트의 항목 수가 3이면 LED 매 트릭스에 "Press B"라고 표시합니다.

14 바코드 정보 출력하기

>> 준비 하기

가격 출력을 위한 조건 블록을 작성하고, ☐ 으로 표시된 부분에 블록을 추가합니다.

>> 프로그래밍 하기

B버튼을 누르면 앞서 만든 바코드에 해당하는 물건의 모양, 금액 정보를 출력합니다.

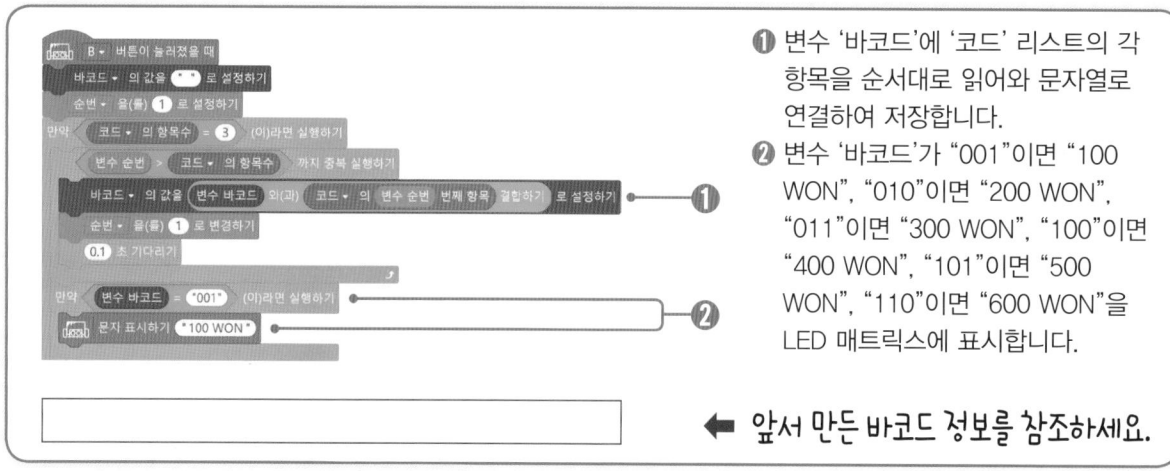

❶ 변수 '바코드'에 '코드' 리스트의 각 항목을 순서대로 읽어와 문자열로 연결하여 저장합니다.

❷ 변수 '바코드'가 "001"이면 "100 WON", "010"이면 "200 WON", "011"이면 "300 WON", "100"이면 "400 WON", "101"이면 "500 WON", "110"이면 "600 WON"을 LED 매트릭스에 표시합니다.

← 앞서 만든 바코드 정보를 참조하세요.

4 프로그램 실행하고 개선 방법 생각해 보기

실행이 잘 되나요? 생각한 대로 되지 않았다면 Q&A 코너로 이동하고,
실행이 잘 된다면 추가하고 싶은 기능이나 개선할 점 이 무엇인지 생각해 봅시다.

 '스캔' 변수의 값을 '코드' 리스트에 추가하면
마이크로비트에 업로드 오류가 발생해요.

 Mind+에서 리스트는 숫자형 변수를 항목으로 추가할 수
없어요. 숫자를 문자열로 변경할 때 소수점 이하를
제외하고 1번째 글자만 '코드' 리스트에 추가해 보세요.

 다른 물건의 바코드를 스캔했는데 스캔이 되지 않아요.

 'A+B' 버튼을 눌러 초기화하는 코드를
추가해 보세요.

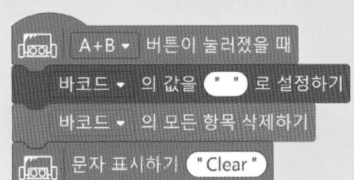

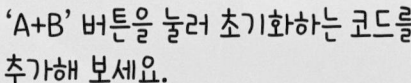 추가하고 싶은 기능이나 개선할 점

 마퀸 카의 A버튼을 눌러서 코드를 하나하나 스캔하는 게 불편해요.

 마퀸 카가 스스로 한 번에 바코드를 스캔할 수 있는
프로그램을 다음 활동에서 만들어 봐요!

활동 **10**

마비는 영어 선생님이에요

영어 단어 시험을 앞두고 고민하고 있는 친구를 도와줄 수 있는 방법은 없을까요?

마퀸 카의 적외선 센서로 해결할 수 있습니다!

학습 목표

1 적외선 센서를 활용하여 영어 단어장을 만들 수 있습니다.

준비물

마퀸 카

색연필

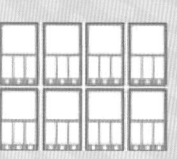

영어 카드

예제 주소 https://bit.ly/2PwQ4hj

1 해결 과제 알아보기

영어 단어 시험을 앞둔 태환이와 경선이의 고민을 덜어 줄 수 있는
방법이 무엇인지 알아봅시다.

내일은 학원에서 영어 단어 시험이 있어요. 영어 단어 시험을 앞두고 태환이와 경선이가
걱정을 많이 하고 있네요. 이 두 친구들이 내일 영어 단어 시험에서 과연 좋은 점수를
받을 수 있을까요?

바코드가 적힌 영어 단어장을 스캔해서
해당 단어의 스펠링을 출력해 봐!

② 해결 방안 생각하기

영어 단어 맞추기 게임을 0과 1의 두 가지 숫자로 이루어진 바코드로 할 수 있을까요?
정해진 자릿수의 바코드를 적외선 센서로 한 번에 스캔하는 방법을 생각해 봅시다.

마퀸 카가 막대 한 칸을 이동하는 데 필요한 속도와 시간을 알아봐야겠어.

맞아. 바코드 자릿수만큼 반복해서 앞으로 이동하면 코드를 읽을 수 있겠네.

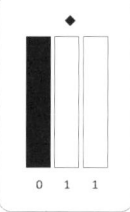

0 1 1

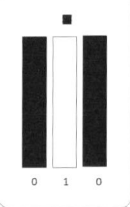

0 1 0

마퀸 카의 모터를 알아볼까요?

검은색 감지 → LED가 꺼짐

흰색 감지 → LED가 켜짐

마퀸 카 바닥 왼쪽과 오른쪽에 있는
적외선 센서(P13, P14)가 검은색을
감지하면 LED가 꺼져 있고,
흰색을 감지하면 LED가 켜집니다.

 **생각하며 배우기**   적외선 센서 원리

적외선 센서는 빛을 보내고 반사되어 돌아오는 빛의 양을 파악해서 색을 구분합니다. 흰색은 빛을 반사하고
검은색은 빛을 흡수하는 원리를 이용하는 것입니다.
검은색 길을 따라가는 라인 트레이서뿐만 아니라 주변에 장애물이 있는지 감지하며 움직이는 로봇 청소기에
도 사용되고 있습니다.

송신부
수신부

적외선 송신 →
적외선 수신량 증가

흰색 반사

적외선 송신 →
적외선 수신량 감소

검은색 흡수

③ 나의 생각 프로그래밍하기

단어장에 표시된 바코드의 길이만큼 이동하며 스캔한 다음, 영어 단어의
스펠링을 한 자씩 LED 화면에 출력해 주는 프로그램을 만들어 봅시다.

프로그램 순서 나열해 보기

1 스캔 준비하기   **2** 영어 단어 바코드 만들기   **3** 바코드 정보 스캔하고, 단어 스펠링 출력하기

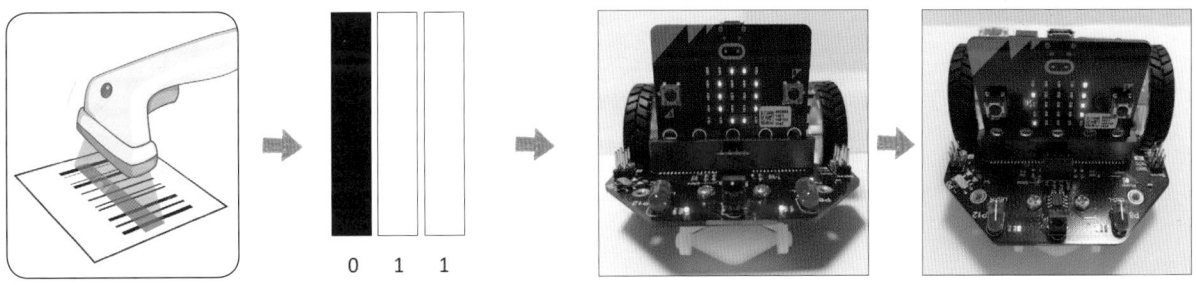

0   1   1

명령어 블록 알아보기

적외선 센서가 바코드의 검은색과 흰색을 감지하여 값으로 나타내기 위해
'라인 트래킹 센서' 블록을 사용합니다.

라인트래킹 센서 좌측(P13) ▼ 읽기 ✓ 좌측(P13) 우측(P14)	바닥에 있는 왼쪽(좌측(P13))과 오른쪽(우측(P14)) 적외선 센서가 검은색과 흰색을 감지하여 각각 '0'과 '1'의 값을 나타냅니다.
로봇을 200 의 속도로 전진하기 ▼ 하기 ✓ 전진하기 후퇴하기 왼쪽 회전 오른쪽 회전	모터의 움직이는 속도를 정하여, 전진, 후퇴, 왼쪽 회전, 오른쪽 회전을 하도록 명령할 수 있습니다.
로봇(좌측 우측 모터)정지	로봇의 양쪽 모터를 정지합니다.

Maqueen

차근차근 프로그래밍하기

1 스캔 준비하기

≫ 준비하기

⬤변수 – 새 숫자형 변수 만들기 를 선택하여 '스캔' 변수를 만들고 새 문자형 변수 만들기 를 선택하여 '입력'과 '제품명' 변수를 만든 뒤, 리스트 만들기 를 선택하여 '코드' 리스트를 만듭니다.

≫ 프로그래밍하기

현재 라인 트래킹 센서가 감지한 색이 검은색이면 '0', 흰색이면 '1'의 값을 '스캔' 변수에 저장하면서 스캔을 준비합니다.

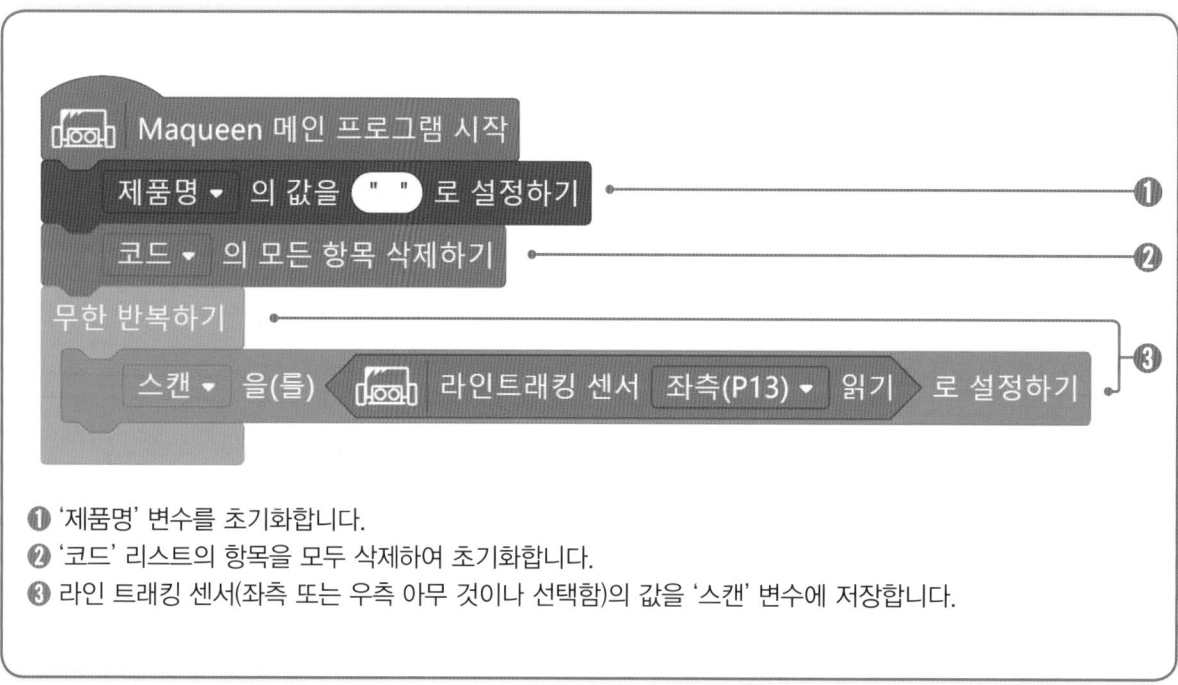

❶ '제품명' 변수를 초기화합니다.
❷ '코드' 리스트의 항목을 모두 삭제하여 초기화합니다.
❸ 라인 트래킹 센서(좌측 또는 우측 아무 것이나 선택함)의 값을 '스캔' 변수에 저장합니다.

2 영어 단어 바코드 만들기

≫ 준비하기

❶ 부록의 133쪽의 활동지를 잘라서 영어 단어를 뜻하는 그림을 그립니다.
❷ 그 아래에 검은색 막대 (0) 또는 흰색 막대(1)를 나타내고, 바코드 숫자를 그려 넣습니다.

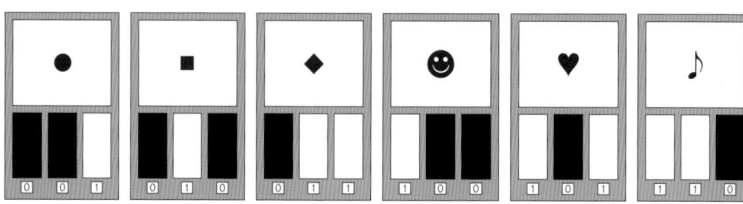

3 바코드 정보 스캔하고, 단어 스펠링 출력하기

≫ 준비하기

❶ ⬤변수 – 새 숫자형 변수 만들기 와 새 문자형 변수 만들기 를 선택하여 변수를 만듭니다.

❷ 내가 만든 영어 단어 바코드를 참고해서 단어 정보 출력을 위한 조건 블록을 작성합니다.

≫ 프로그래밍하기

A버튼을 누르면 영어 단어장 바코드의 길이만큼 마퀸 카가 이동하면서 바코드를 스캔하고 해당 단어의 정보(단어의 모양, 스펠링)를 LED 화면에 출력합니다.

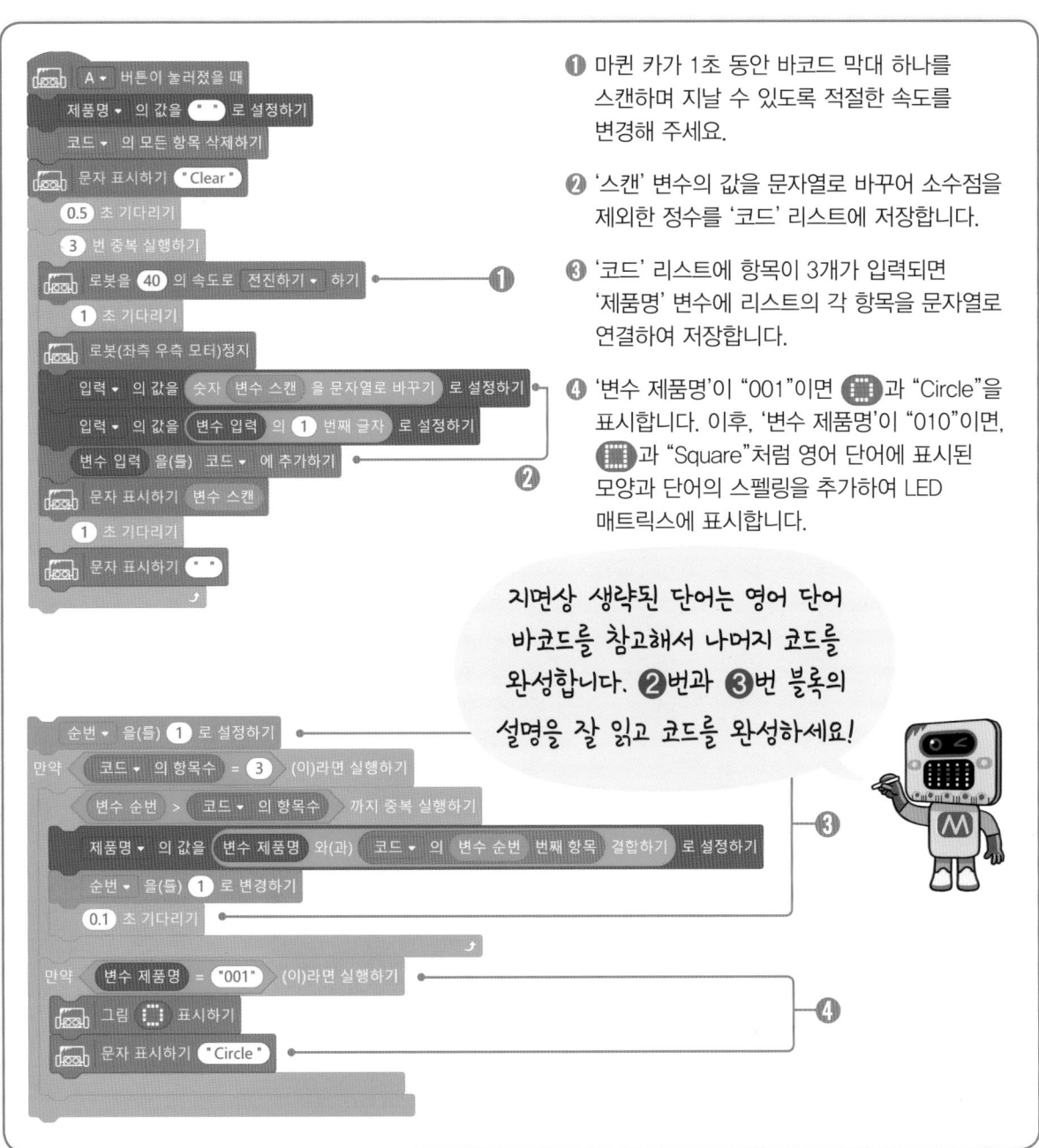

❶ 마퀸 카가 1초 동안 바코드 막대 하나를 스캔하며 지날 수 있도록 적절한 속도를 변경해 주세요.

❷ '스캔' 변수의 값을 문자열로 바꾸어 소수점을 제외한 정수를 '코드' 리스트에 저장합니다.

❸ '코드' 리스트에 항목이 3개가 입력되면 '제품명' 변수에 리스트의 각 항목을 문자열로 연결하여 저장합니다.

❹ '변수 제품명'이 "001"이면 ⬛과 "Circle"을 표시합니다. 이후, '변수 제품명'이 "010"이면, ⬛과 "Square"처럼 영어 단어에 표시된 모양과 단어의 스펠링을 추가하여 LED 매트릭스에 표시합니다.

> 지면상 생략된 단어는 영어 단어 바코드를 참고해서 나머지 코드를 완성합니다. ❷번과 ❸번 블록의 설명을 잘 읽고 코드를 완성하세요!

 # 4 프로그램 실행하고 개선 방법 생각해 보기

다시 프로그램을 실행해 보면서 실행한 대로 잘 되지 않았다면 그 까닭이
무엇인지 생각해 봅시다.

'바코드' 변수가 "001"과 같은지 비교하는 블록에서 자꾸 오류가 나요.

변수 바코드 = "001" 블록처럼 비교하는 문자열에
큰따옴표가 표시되었는지 확인해 보세요.

마퀸 카가 앞으로 가기는 하는데, 바코드가
잘 읽혀지지 않아요.

모터의 특성상 계속해서 일자로 똑바로 가는 것은
어렵습니다. 마퀸 카의 움직임에 영향을 받지
않도록 바코드의 막대 넓이를 여유 있게 그려서
다시 스캔해 보세요.

교과 연계
음악

사용할 장치
초음파 센서

활동 **11**

요술 피아노로 연주해요

발표를 앞 둔 친구들의 고민은 무엇일까요?

마퀸 카의 초음파 센서로
해결할 수 있습니다!

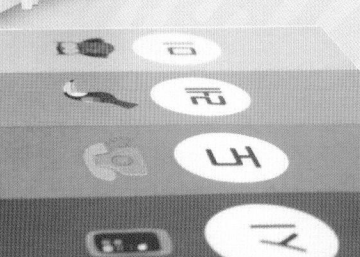

학습 목표

1 초음파 센서의 쓰임을 압니다.

2 초음파 센서를 이용하여 활동할 수
있습니다.

준비물

마퀸 카

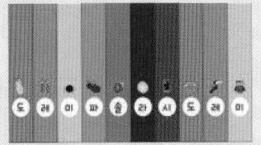

피아노 건반 모형

예제 주소 https://bit.ly/2OONP9X

해결 과제 알아보기

햇님이와 성식이가 학교 동아리 발표 대회에 나가기 위해 해결해야 할
과제는 무엇인지 알아봅시다.

음악 동아리 팀의 햇님이와 성식이가 학교 동아리 발표 대회에 나가기 위해 열심히 출전
곡을 준비하고 있어요. 그런데 악기에 문제가 생긴 것 같아요. 어떻게 해결해야 할까요?

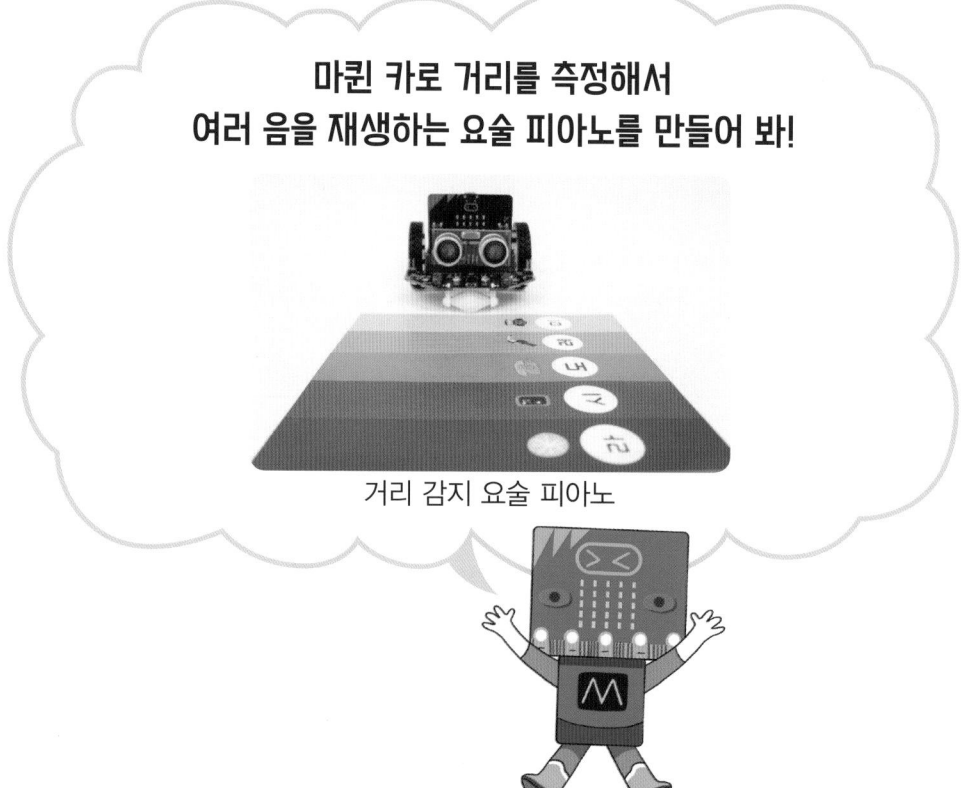

거리 감지 요술 피아노

 # 해결 방안 생각하기

악기 없이 마퀸 카가 스스로 음악을 연주할 수 있는 방법을 생각해 봅시다.

마퀸 카가 어떻게 스스로 음악을 연주하지?

초음파 센서로 건반의 거리를 계산해서 각 거리마다 다른 버저음으로 연주하면 가능하지 않을까?

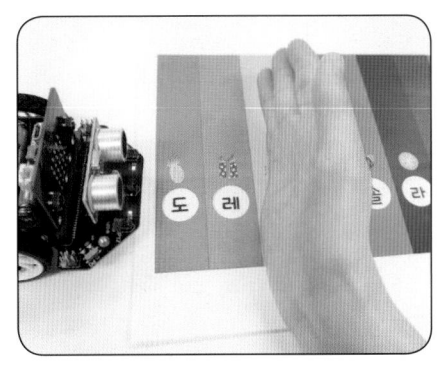

마퀸 카의 초음파 센서는 어디에 있을까요?

초음파 센서

초음파 센서는 초음파를 이용해서 물체의 거리를 측정할 수 있는 거리 감지 센서로, 측정 범위는 2cm~4m입니다. 금속, 목재, 유리, 종이 등 단단한 물체 간의 거리는 측정하기 쉽지만, 옷감과 같이 잘 움직이는 일부 물질과의 간격은 측정하기 어렵습니다.

 **생각하며 배우기**   **음표와 박자**

오른쪽 표와 같이 리듬을 소리의 길이에 따라 표현합니다.
먼저 가장 긴 소리를 나타내는 온음표는 4박자입니다. 그리고 온음표의 절반 길이인 2분음표는 2박자, 2분음표의 절반 길이인 4분음표는 한 박자, 그 절반인 8분 음표, 또 절반인 16분 음표가 있습니다.

이름	모양	길이(♩를 1로 했을 때)	
온음표	o	4	
2분음표	♩	2	
4분음표	♩	1	(기준)
8분음표	♪	$\frac{1}{2}$	
16분음표	♫	$\frac{1}{4}$	

③ 나의 생각 프로그래밍하기

측정한 거리에 따라 다른 버저음을 재생하는 프로그램을 만들어 봅시다.

프로그램 순서 나열해 보기

1 거리 측정 준비하기

➡

2 거리 감지 피아노 만들기

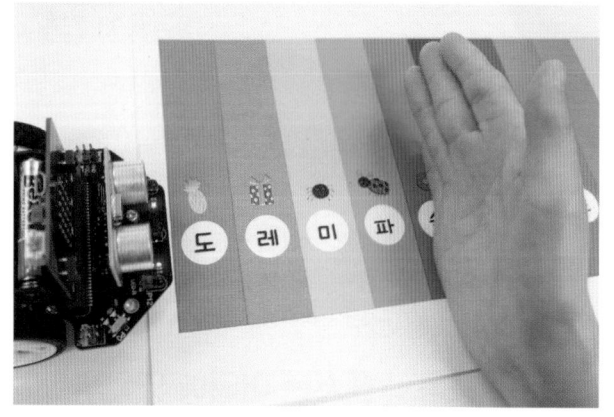

명령어 블록 알아보기

초음파 센서로 물체의 거리를 측정하고 버저로 음을 재생하기 위한 명령어 블록입니다.

연산	◯ < = ◯	왼쪽에 입력한 값이 오른쪽에 입력한 값보다 작거나 같은지 비교하여 참이나 거짓 값을 반환합니다.
	그리고	왼쪽 육각형 블록과 오른쪽 육각형 블록이 모두 참일 때 참을 반환하고, 그렇지 않으면 거짓을 반환합니다.
Maqueen	(P1 P2)초음파거리(cm) 읽기	초음파로 물체가 떨어진 거리를 측정해서 값을 cm로 나타냅니다.
	포트 P0 이 음표 Low C/C3 비트 1 ▾ 를 재생합니다.	입력한 음을 선택한 박자(1, 1/2, 1/4, 2, 4)로 재생합니다.
	시리어포트 전송률을 9600 ▾ 설정하기	마이크로비트와 컴퓨터를 USB 케이블로 연결해서 데이터를 주고받을 때의 전송 속도를 설정합니다.
	시리어포트 문자열 ▾ 출력 hello 행 바꾸기 ▾	시리얼 모니터 창에 입력한 "hello"를 문자열로 변환하여 출력하고 줄 바꿈합니다.
	모든 도트 매트릭스 제거하기	LED 매트릭스를 모두 끕니다.

차근차근 프로그래밍하기

1 거리 측정 준비하기

≫ 준비하기

● 변수 - 새 숫자형 변수 만들기 를 선택하여 '거리' 변수를 만듭니다.

≫ 프로그래밍하기 - 송신용 마퀸 카(전송하기)

초음파 센서로 측정한 값을 출력합니다.

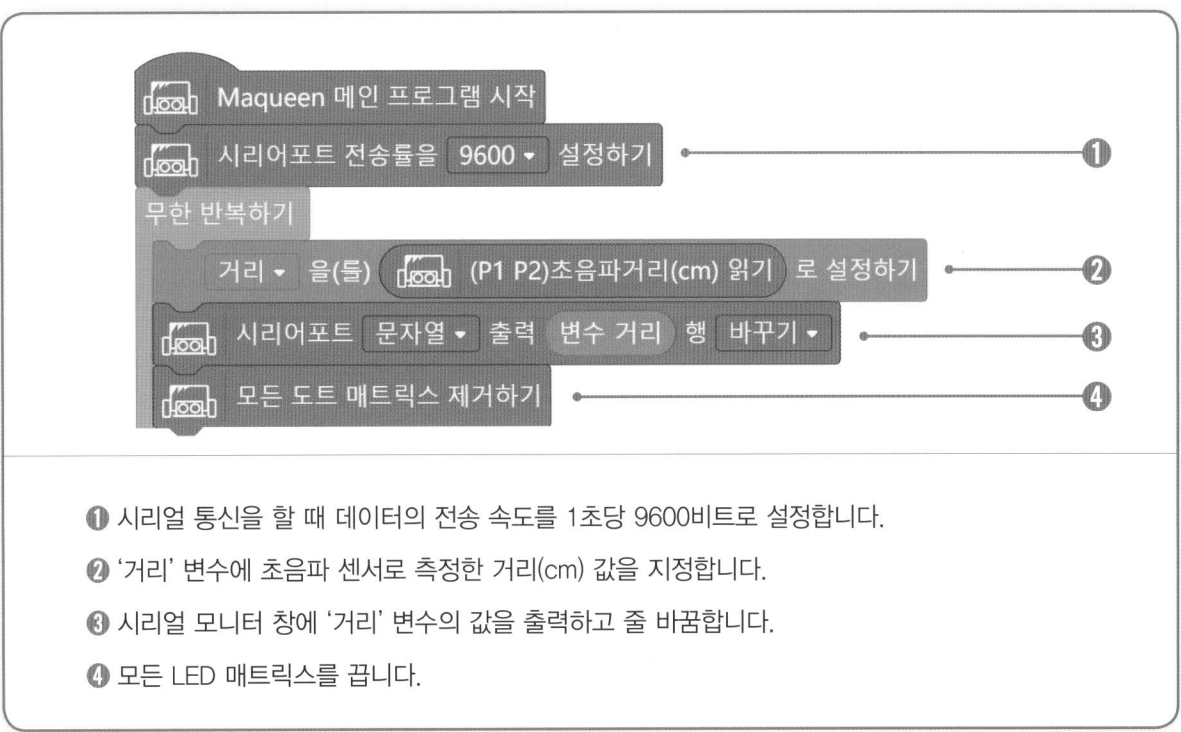

❶ 시리얼 통신을 할 때 데이터의 전송 속도를 1초당 9600비트로 설정합니다.

❷ '거리' 변수에 초음파 센서로 측정한 거리(cm) 값을 지정합니다.

❸ 시리얼 모니터 창에 '거리' 변수의 값을 출력하고 줄 바꿈합니다.

❹ 모든 LED 매트릭스를 끕니다.

선생님 도와주세요 시리얼 포트를 사용하는 이유가 뭐예요?

초음파 센서로 측정한 거리(cm)가 얼마인지 알아야 할 때 사용할 수 있습니다. USB 케이블로 마이크로비트를 컴퓨터와 연결해서 시리얼 모니터 창에 마이크로비트와 컴퓨터 간에 주고받는 데이터 정보(변수 또는 센서값)를 출력하여 확인합니다.

시리얼 모니터 창에서 데이터 정보를 확인하는 동영상입니다. ▶
(https://m.youtube.com/watch?feature=youtu.be&v=CQiE7lFfK4c)

12 거리 감지 피아노 만들기

≫ 준비하기

종이에 낮은 도에서 높은 도까지 건반을 세로로 나열하여 일정한 간격으로
그리고, 각 건반 사이의 간격을 측정해서 메모합니다.

부록 135쪽의 종이 건반을
활용하세요.

≫ 프로그래밍하기

측정한 건반의 간격을 기준으로 일정 범위에 해당하는 계이름을 재생하고,
계이름을 표시합니다.

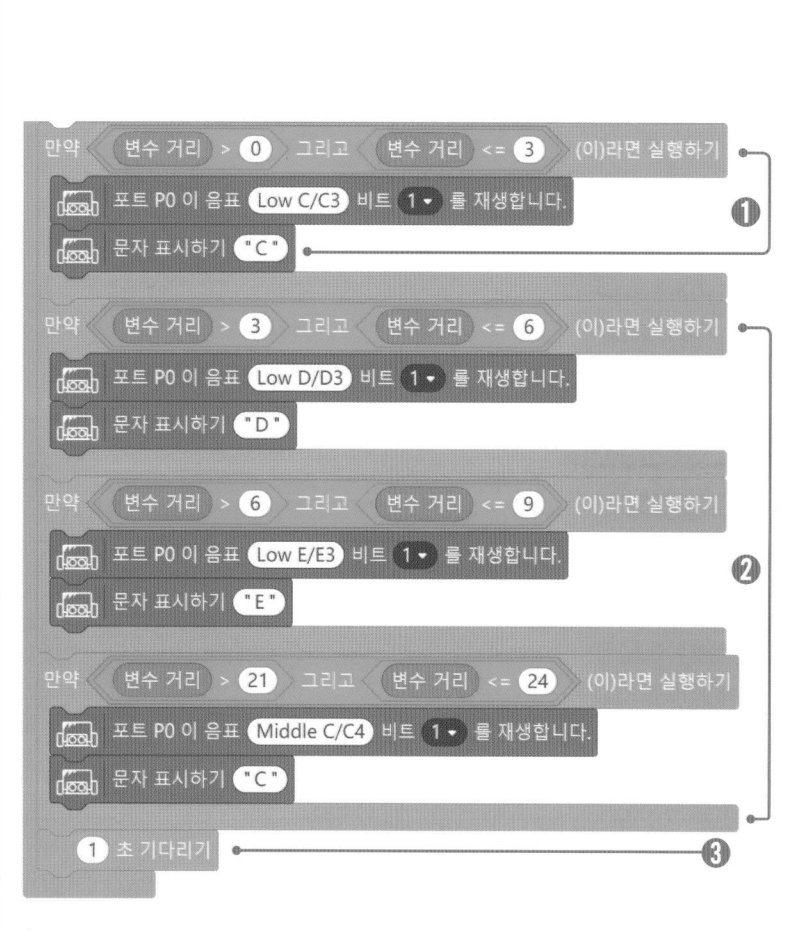

❶ 무한 반복하기 블록 안에 이전
코드에 이어서 변수 '거리'가
0보다 크고 3보다 작거나
같으면 Low C/C3(낮은 도)를
재생하도록 코드를
작성합니다.

❷ 나머지 음도 '거리' 변수에
값의 범위에 따라 작성합니다.

Low C/C3(낮은 도): 0 < 거리 ≦ 3
Low D/D3(레): 3 < 거리 ≦ 6
Low E/E3(미): 6 < 거리 ≦ 9
Low F/F3(파): 9 < 거리 ≦ 12
Low G/G3(솔): 12 < 거리 ≦ 15
Low A/A3(라): 15 < 거리 ≦ 18
Low B/B3(시): 18 < 거리 ≦ 21
Middle C/C4(가운데 도):
21 < 거리 ≦ 24

❸ 1초 기다리기로 시간을
지연시켜 같은 음이 여러 번
재생되지 않도록 합니다.

4 프로그램 실행하고 개선 방법 생각해 보기

실행이 잘 되나요? 생각한 대로 되지 않았다면 Q&A 코너로 이동하고,
실행이 잘 된다면 추가하고 싶은 기능이나 개선할 점 이 무엇인지 생각해 봅시다.

 초음파 센서 앞에 손을 갖다 대지 않았는데도
계속 삐삐삐삐 소리가 나요.

초음파 센서 맞은 편 종이 건반의 끝부분(Middle
C/C4) 쪽에 물체를 놓아두거나 높이가 있는 상자
뚜껑에 마린 카를 넣어 연주해 보세요.

 코드 마지막에 '1초 기다리기'를 왜 넣어야 하나요?

같은 음이 여러 번 재생되지 않도록 하기 위해서입니다.

추가하고 싶은 기능이나 개선할 점

 대회에 출전한 팀 중에서 인기 동아리팀을 어떻게
뽑아야 할지 모르겠어요.

다음 활동에서 인기 동아리팀을 정하는
프로그램을 만들어 봐요!

활동 12

투표함에 투표해요

투표함에 들어 있는 투표 용지가 너무 많아 어떻게 셀지 고민스러운가 봐요.

마퀸 카의 초음파 센서로 해결할 수 있습니다!

1♥ 많이 투표해 주세요!

학습 목표

① 초음파 센서를 활용하여 디지털 투표함을 만들 수 있습니다.

준비물

마퀸 카

색연필

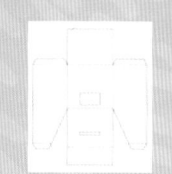

투표함 전개도

예제 주소 https://bit.ly/383wm5g

 # 해결 과제 알아보기

초음파 센서를 이용하여 해결해야 할 과제는 무엇인지 알아봅시다.

인기 동아리상은 전교생이 투표를 한 뒤에 투표 종이를 가장 많이 받은 팀에게 주어진다고 해요. 그런데 투표 종이를 일일이 세는 데 시간이 너무 오래 걸릴 것 같아요. 이 문제를 어떻게 해결해야 할까요?

투표 종이가 너무 많아서 투표 결과가 나오는데 시간이 많이 걸리겠어.

투표 종이를 넣을 때마다 마비가 개수를 세어 줬으면 좋겠어. 마비야, 도와줘!

**투표 동전이 떨어지는 순간을 감지하여 개수를 세어 주는
재미있는 디지털 투표함을 만들어 봐!**

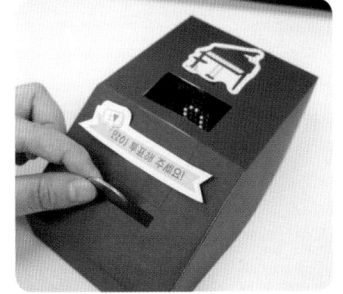

동전을 넣으면 반응하는 투표함

투표함에 들어간 동전 개수 표시

② 해결 방안 생각하기

보이지 않는 투표함 속의 동전 개수를 빨리 확인할 수 있는 방법을 생각해 봅시다.

동전 투입구에서 동전이 아래로 떨어지는 순간을 어떻게 알 수 있을까?

초음파 센서가 측정한 거리값의 변화가 생긴다면 그 때가 바로 동전이 떨어지는 순간이 아닐까?

마퀸 카의 초음파 센서는 어떻게 작동하나요?

초음파 발신(Trig)
초음파 신호를 보내는 역할

초음파 수신(Echo)
초음파 신호를 받는 역할

초음파를 보낸 시간과 물체에 반사되어 돌아온 시간을 측정하면 거리를 계산할 수 있습니다.

 **생각하며 배우기**   박쥐와 초음파

눈이 거의 퇴화하여 시력이 좋지 않은 박쥐가 어둠 속에서 길을 잘 찾는 이유는 무엇일까요? 한 실험에서 박쥐의 눈을 가리고 어둠 속에서 길을 찾게 했더니 여전히 잘 날아다녔지만, 귀를 막았더니 길을 찾지 못하고 헤맸다고 합니다.

왜 그럴까요? 박쥐는 사람이 들을 수 없는 높은 소리(초음파)를 내고, 들을 수 있기 때문이에요. 박쥐가 발사한 초음파가 장애물이나 먹잇감에 부딪힌 다음 돌아오면 방향과 시간차 등을 이용해서 장애물을 피하고 먹잇감을 사냥할 수 있답니다.

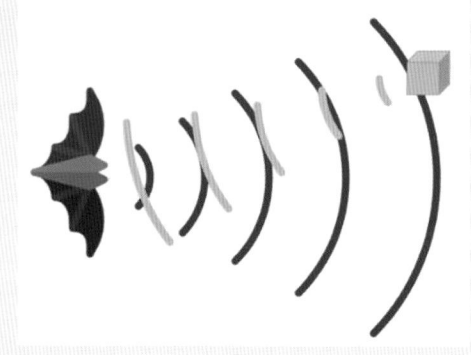

③ 나의 생각 프로그래밍하기

동전을 넣을 때마다 모인 동전의 개수를 출력하는 프로그램을 만들어 봅시다.

프로그램 순서 나열해 보기

1 투표함 모형 만들기

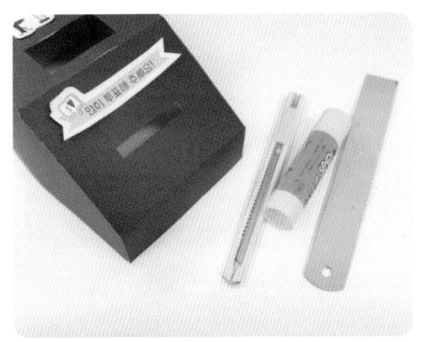

2 동전을 넣으면 소리 재생, 조명 켜기, 동전 개수 출력하기

명령어 블록 알아보기

초음파 센서로 물체와의 거리를 감지하고 연산하기 위해 필요한 명령어 블록입니다.

제어	만약 ⬡ (이)라면 실행하기	육각형 판단 블록이 참이면 감싸고 있는 블록을 실행합니다.
변수	개수 ▾ 을(를) 1 로 변경하기	'개수' 변수에 1을 더합니다.
Maqueen	RGB조명 핀 P15 조명 번호 전부 (-1) ▾ 에 색깔 ◯ 표시하기	RGB 조명 4개를 선택한 색으로 켭니다.
	포트 P0 이 음표 Low C/C3 비트 1 ▾ 를 재생합니다.	입력한 음을 선택한 박자(1, 1/2, 1/4, 2, 4)로 재생합니다.
	RGB조명 핀 P15 모두 제거하기	RGB 조명을 모두 끕니다.
	문자 표시하기 " hello world "	LED 매트릭스에 "hello world"를 표시합니다.

1 투표함 모형 만들기

>> 준비하기

투표함 전개도, 자, 가위(칼), 풀, 색지, 색연필을 준비합니다.

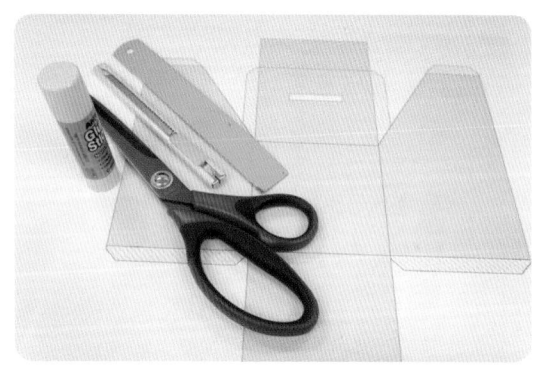

① 투표함 전개도와 자, 가위(칼), 풀을 준비합니다.

② 전개도 모양대로 오립니다.

③ 전개도 점선대로 접고, ▨부분에 풀칠하여 투표함을 조립합니다.

④ 투표함을 예쁘게 꾸며 줍니다.

⑥ 예쁘게 만든 투표함을 사진처럼 마퀸 카에 씌웁니다.

부록 137쪽의 투표함 전개도를 활용하세요.

12 동전을 넣으면 소리 재생, 조명 켜기, 동전 개수 출력하기

≫ 준비 하기

① 변수 - 새 숫자형 변수 만들기 를 선택하고 '개수' 변수를 만듭니다.

② 투표함 동전 투입구와 초음파 센서와의 간격을 생각해서 동전이 떨어질 때의 기준값을 정합니다.

≫ 프로그래밍 하기

초음파 센서가 측정한 거리의 값이 기준값보다 작아지면 음을 재생하고 'RGB 조명' 명령어 블록을 이용하여 불을 켜면서 모인 동전의 합계를 보여 줍니다.

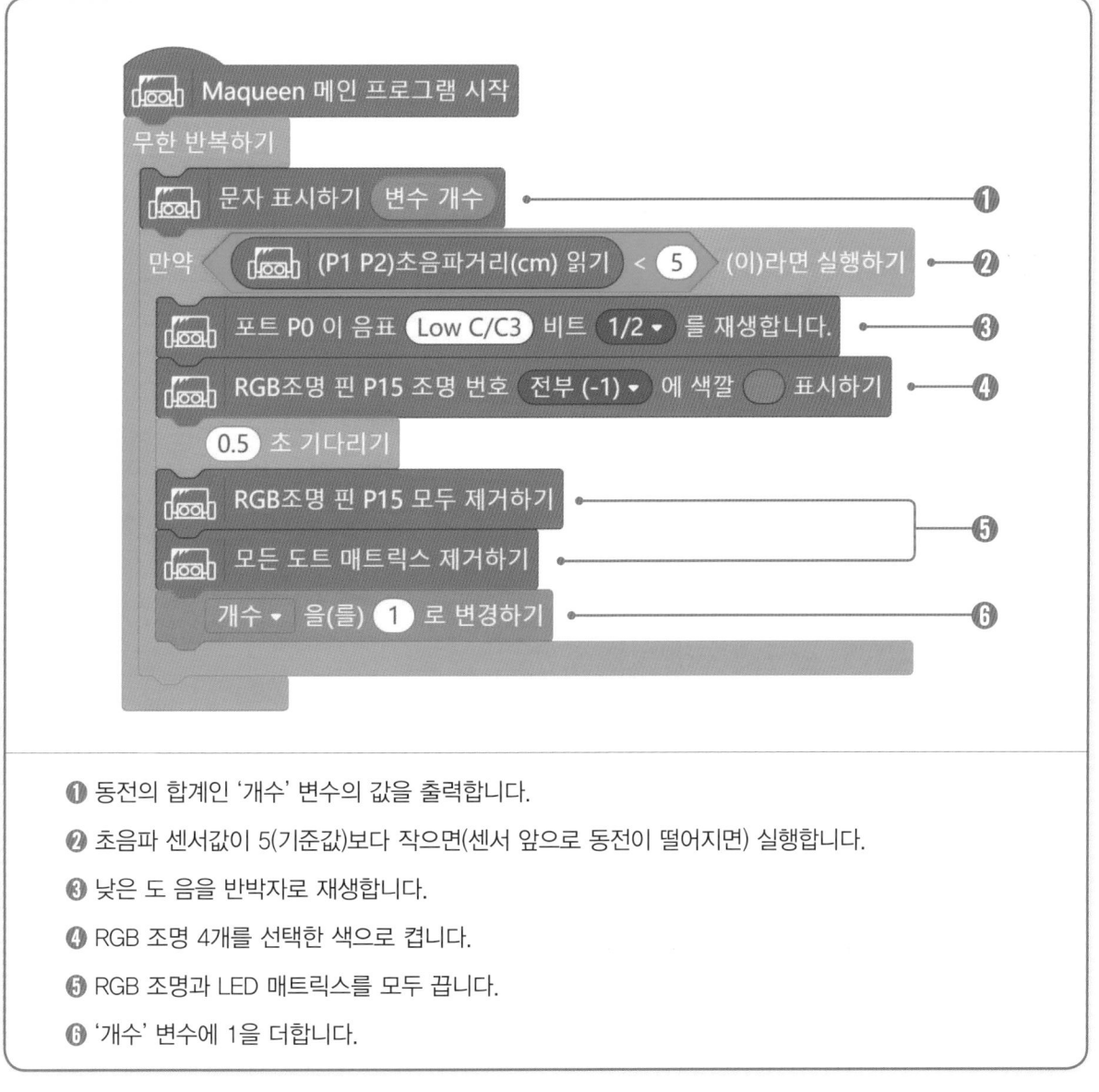

❶ 동전의 합계인 '개수' 변수의 값을 출력합니다.

❷ 초음파 센서값이 5(기준값)보다 작으면(센서 앞으로 동전이 떨어지면) 실행합니다.

❸ 낮은 도 음을 반박자로 재생합니다.

❹ RGB 조명 4개를 선택한 색으로 켭니다.

❺ RGB 조명과 LED 매트릭스를 모두 끕니다.

❻ '개수' 변수에 1을 더합니다.

 # 프로그램 실행하고 개선 방법 생각해 보기

투표함 속 동전을 세어 주는 똑똑한 투표함을 만들어 보았어요. 프로그램을
실행해 보면서 생각한 대로 잘 되지 않았다면 그 까닭이 무엇인지 생각해 봅시다.

동전 개수가 변하지 않아요.

동전이 투입구에서 떨어질 때
블록을 추가했는지 확인해 보세요.

투표함 모형을 씌워놓기만 하고 동전을 넣지 않았는데도
계속 버저 소리가 나고 동전 개수가 증가해요.

투표함 앞부분과 초음파 센서 거리가 너무 가깝지 않은지
살펴보고, 투표함 모형의 위치를 다시 조정해 보세요.

동전을 다 꺼내고 다시 0으로 초기화하고 싶어요.

마퀸 카의 전원 버튼을 눌러 다시 시작하거나, A버튼을 누르면
'개수' 변수를 0으로 설정하도록 코드를 추가해 보세요.

활동 13
모래시계로 시간을 재요

모래시계에서 떨어지는 모래 양으로 어떻게 시간을 측정할까요?

마퀸 카의 다양한 입출력 장치로 해결할 수 있습니다!

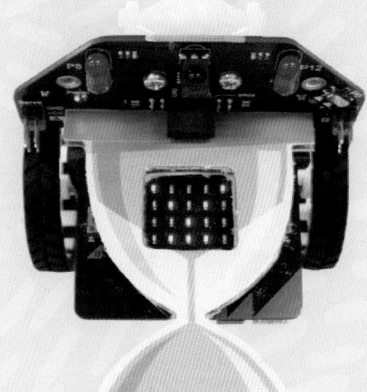

학습 목표

❶ 다양한 장치를 융합하여 자유로운 창작 활동을 할 수 있습니다.

준비물

마퀸 카

모래시계 모형

예제 주소 https://bit.ly/2OK2pzo

1 해결 과제 알아보기

다양한 입출력 장치를 이용하여 해결해야 할 과제는 무엇인지 알아봅시다.

점심시간이 끝날 무렵 태환이와 성식이가 양치질을 하고 있어요. 성격이 급한 태환이의 올바른 양치 습관을 도와줄 수 있는 방법을 생각해 볼까요?

앗, 태환아. 너 벌써 양치질 마쳤어? 양치질은 3분 동안 해야 충치가 안 생겨.

엥? 아직 3분이 안 지났어? 3분이 지나갔다는 것을 알려 줄 타이머가 필요하겠군.

떨어지는 모래 양으로 시간을 측정하는 모래시계를 만들어 봐!

모래시계를 바로 세운 모습

모래시계를 뒤집어 놓은 모습

② 해결 방안 생각하기

일정 시간이 지났을 때 편리하게 정보를 확인할 수 있는 방법을 생각해 봅시다.

숫자를 잘 모르는 동생도 쉽게 알아볼 수 있는 시계라면 좋겠어.

숫자 대신 그림으로 경과한 시간을 보여 주고, 소리로도 알려 주는 모래시계를 만들어 보자!

문제 해결에 필요한 마퀸 카의 입출력 장치를 알아볼까요?

LED 매트릭스와 빛 센서
기울기 센서
버튼
버저
RGB LED(조명)

입력 기울기 센서: 모래시계를 초기화합니다.

입력 빛 센서: 주변 밝기에 따라 LED의 밝기를 변경합니다.

입력 A버튼: 버튼을 누르면 나의 이름을 출력합니다.

출력 LED 매트릭스: 모래시계 애니메이션을 출력합니다.

출력 버저: 일정 시간 경과 시 알림 음악을 재생합니다.

출력 RGB LED(조명): 일정 시간이 경과 시 조명을 켭니다.

RGB LED는 마퀸 카의 뒷면에 있어요.
(교재 43쪽 참고)

 **생각하며 배우기**   **해시계와 물시계**

시계가 없던 시절에 사람들은 어떻게 시간을 알아냈을까요?
해가 움직이면서 그림자의 방향과 길이가 달라지는 것을 이용해 만든 해시계, 물이 넘치는 양으로 시간을 재는 물시계 등에서 조상들의 지혜를 엿볼 수 있습니다.
여기서 만들 모래시계는 174쪽에 설명되어 있습니다.

해시계

물시계

③ 나의 생각 프로그래밍하기

모래가 떨어지는 모습을 연출하고 일정 시간이 지나면 알림음과 멜로디를 재생하는 모래시계를 만들어 봅시다.

프로그램 순서 나열해 보기

1 모래시계 애니메이션과 멜로디 재생하기

2 LED 밝기 설정 및 조명 켜고 끄기

명령어 블록 알아보기

마이크로비트 위, 아래 방향을 바꾸어 모래시계 애니메이션을 초기화하고, 모래가 다 떨어졌을 때 조명과 소리로 알려 주는 기능을 구현하기 위해 필요한 명령어 블록입니다.

	블록	설명
Maqueen	로고가 위로 향하게 ▾ 일 때	마이크로비트의 로고(▣)가 '위'로 향하는 움직임이 발생할 때 실행됩니다.
	로고가 아래로 향하게 ▾ 일 때	마이크로비트의 로고(▣)가 '아래'로 향하는 움직임이 발생할 때 실행됩니다.
	그림 ✿ 표시하기	LED 매트릭스에 원하는 모양을 표시합니다.
	포트 P0이 사운드 DADADADUM ▾ 를 재생합니다.	마이크로비트 P0핀을 통해 버저로 멜로디 음을 출력합니다.
	배경 재생 정지	배경에서 재생 중인 멜로디 출력을 중지합니다.
	RGB조명 핀 P15 조명 번호 RGB0 (0) ▾ 에 색깔 ◯ 표시하기	RGB 조명(RGB LED) 4개를 선택한 색으로 켭니다.
	RGB조명 핀 P15 모두 제거하기	RGB 조명 4개를 모두 끕니다.

차근차근 프로그래밍하기

1 모래시계 애니메이션과 멜로디 재생하기

>> 준비 하기

⦿ 변수 - 새 숫자형 변수 만들기 를 눌러 '상태' 변수를 만듭니다.

>> 프로그래밍 하기

모래시계의 로고의 위치 방향을 위아래로 바꿀 때마다 모래시계 애니메이션을 보여 주고 멜로디를 재생합니다.

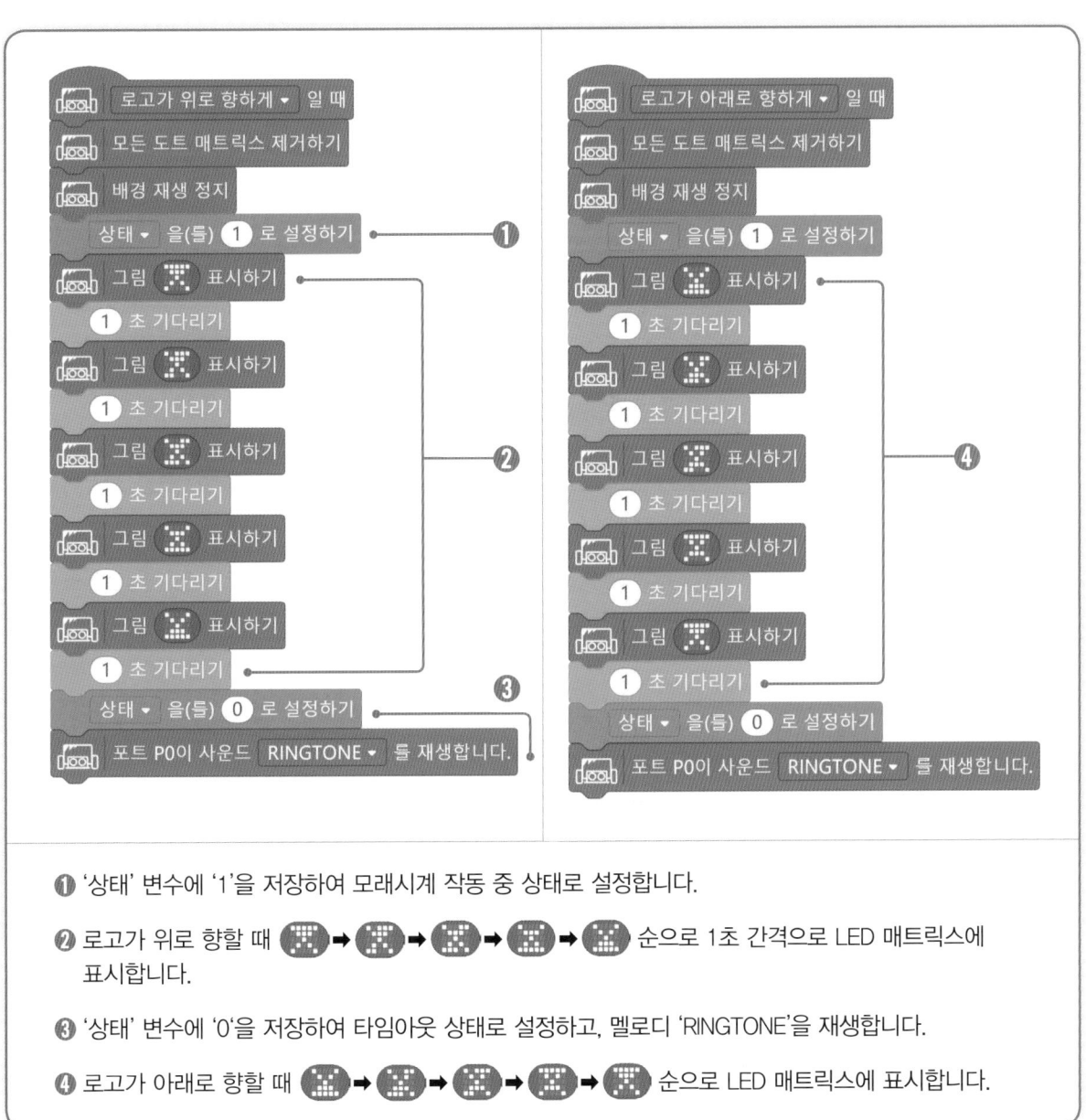

❶ '상태' 변수에 '1'을 저장하여 모래시계 작동 중 상태로 설정합니다.

❷ 로고가 위로 향할 때 순으로 1초 간격으로 LED 매트릭스에 표시합니다.

❸ '상태' 변수에 '0'을 저장하여 타임아웃 상태로 설정하고, 멜로디 'RINGTONE'을 재생합니다.

❹ 로고가 아래로 향할 때 순으로 LED 매트릭스에 표시합니다.

12 LED의 밝기 설정 및 조명 켜고 끄기

≫ 준비하기

두 값의 크기를 비교하는 블록은 [연산]에 있습니다.

≫ 프로그래밍하기

주변 밝기에 따라 LED의 밝기를 변경하고, 모래시계의 작동 상태에 따라 조명을 켜고 끕니다.
A버튼을 누르면 자신의 이름이 표시되도록 합니다.

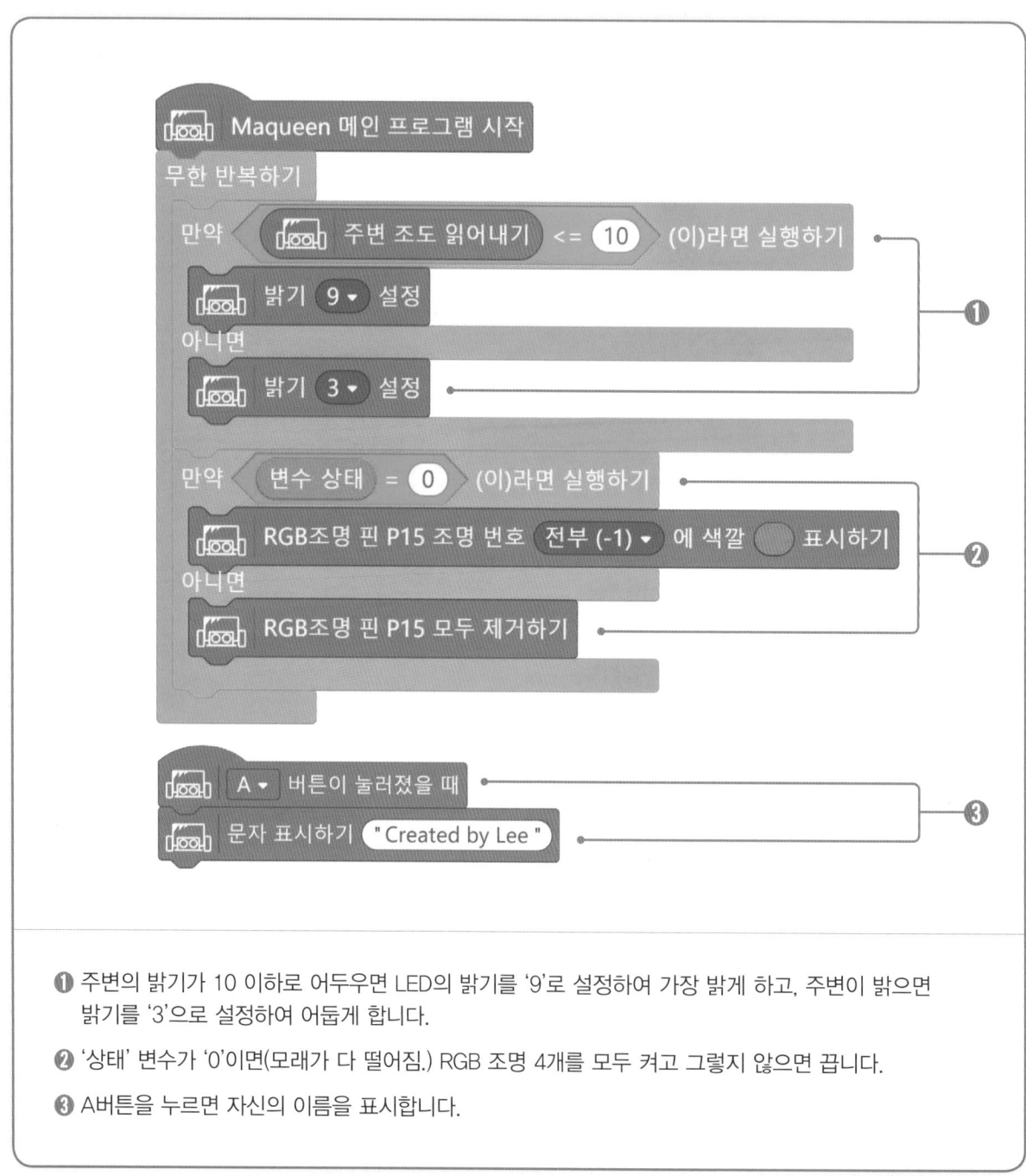

❶ 주변의 밝기가 10 이하로 어두우면 LED의 밝기를 '9'로 설정하여 가장 밝게 하고, 주변이 밝으면
밝기를 '3'으로 설정하여 어둡게 합니다.

❷ '상태' 변수가 '0'이면(모래가 다 떨어짐.) RGB 조명 4개를 모두 켜고 그렇지 않으면 끕니다.

❸ A버튼을 누르면 자신의 이름을 표시합니다.

④ 프로그램 실행하고 개선 방법 생각해 보기

실행이 잘 되나요? 생각한 대로 되지 않았다면 Q&A 코너로 이동하고,
실행이 잘 된다면 추가하고 싶은 기능이나 개선할 점 이 무엇인지 생각해 봅시다.

 모래시계에서 모래가 다 떨어지기 전에 거꾸로 뒤집었더니 멜로디가 이상하게 나와요.

로고가 위로 향하게 될 때, 로고가 아래로 향하게 될 때
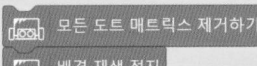 블록이 포함되었는지 확인해 보세요.

 모래시계의 모래가 더 천천히 떨어지게 하고 싶어요.

LED 매트릭스의 그림 표시하기 블록 다음의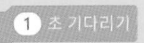
블록에서 1보다 더 큰 숫자를 입력해 보세요.

추가하고 싶은 기능이나 개선할 점

 모래시계의 모래가 떨어지는 시간을 프로그램에서 설정해서 작동하게 만들고 싶어요.

다음 활동에는 모래시계의 버튼을 이용해 모래가 다 떨어지기
까지의 시간을 증감할 수 있도록 개선해 보자!

활동 **14**

천천히 또는 빠르게

지금까지 배운 입출력 장치를
활용하여 자유로운
창작 활동을 해 보세요.

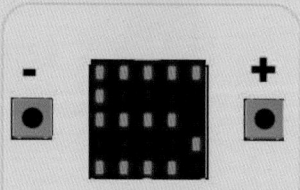

학습 목표

1 마이크로비트와 마퀸 카에 부착된 입출
력 장치의 특성을 설명할 수 있습니다.

2 다양한 장치를 융합하여 자유로운 창작
활동을 할 수 있습니다.

준비물

마퀸 카

모래시계 모형

예제 주소 https://bit.ly/2DV5wi1

1 해결 과제 알아보기

다양한 입출력 장치를 이용하여 해결해야 할 과제는 무엇인지 알아봅시다.

경선이와 햇님이는 하나의 모래시계를 두고 각기 다른 상황에 고민이 생겼어요. 하나의 모래시계는 누구를 기준으로 만들어야 할까요?

> 이제부터 한 시간 동안 엉덩이를 의자에서 떼지 않고 열심히 책을 읽을 거야. 마비야! 도와줘.

> 난 30초 동안 철봉에 매달려 있을 거야. 마비야! 도와줘.

> 그런데 너희들이 필요한 모래시계의 크기가 다르잖아. 어쩌지?

> **마이크로비트의 두 개 버튼을 이용해서 시간을 설정할 수 있는 모래시계를 만들어 봐!**

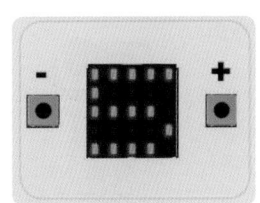

버튼으로 시간을 설정하는 모래시계

 # 해결 방안 생각하기

한 개의 모래시계로 한 시간도 재고, 30초도 잴 수 있는 방법을 생각해 봅시다.

필요할 때마다 프로그램을 바꾸면 되잖아.

그건 좋은 방법이 아닌 것 같아. 모래시계에 시간 설정 버튼을 만들어서 해결해 보자.

30초   1시간

문제 해결에 필요한 마퀸 카의 입출력 장치를 알아볼까요?

LED 매트릭스와 빛 센서

기울기 센서

버튼

버저

RGB LED(조명)

RGB LED는 마퀸 카의 뒷면에 있어요. (교재 43쪽 참고)

모래시계에 필요한 각 입출력 장치의 기능을 정리해 보세요.

입력

기울기 센서: _____

빛 센서: _____

A버튼: _____

출력

LED 매트릭스: _____

버저: _____

RGB LED(조명): _____

 **생각하며 배우기**   모래시계는 어떻게 시간을 알려 줄까요?

모래시계는 가운데가 잘록한 용기에 들어 있는 모래가 중력에 의해 떨어지는 양으로 시간의 흐름을 잴 수 있는 장치입니다. 모래가 모두 아래로 떨어지면 모래시계를 뒤집어 다시 시간을 잴 수 있습니다.

3 나의 생각 프로그래밍하기

버튼으로 시간을 설정해서 사용할 수 있는 모래시계 프로그램을 만들어 봅시다.

프로그램 순서 나열해 보기

1 초깃값 설정 및 조명 켜고 끄기]　　**2** A버튼과 B버튼으로 시간 설정하기]　　**3** 모래시계 애니메이션과 멜로디 재생하기]

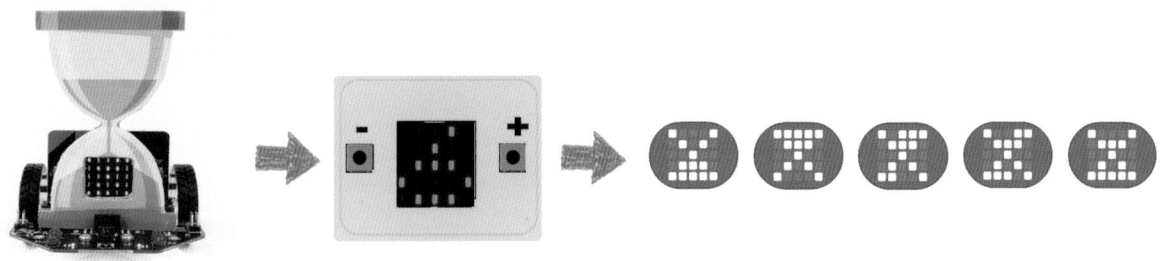

명령어 블록 알아보기

마이크로비트 버튼 2개를 이용하여 모래 시계의 시간을 재기 위해 필요한 명령어 블록
입니다.

연산	◯ ÷ ◯	입력한 두 수를 나눈 값입니다.
변수	설정시간 ▼ 을(를) **5** 로 설정하기	'설정시간' 변수에 5를 저장합니다.
	설정시간 ▼ 을(를) **1** 로 변경하기	'설정시간' 변수에 1만큼 더합니다.
Maqueen	로고가 위로 향하게 ▼ 일 때	마이크로비트의 로고(◉)가 '위'로 향하는 움직임이 발생할 때 실행됩니다.
	로고가 아래로 향하게 ▼ 일 때	마이크로비트의 로고(◉)가 '아래'로 향하는 움직임이 발생할 때 실행됩니다.
	포트 P0이 사운드 DADADADUM ▼ 를 재생합니다.	마이크로비트 P0핀을 통해 버저로 멜로디 음을 재생합니다.
	RGB조명 핀 P15 조명 번호 전부 (-1) ▼ 에 색깔 ◯ 표시하기	RGB 조명 4개를 선택한 색으로 불을 켭니다.

차근차근 프로그래밍하기

1 초깃값 설정 및 조명 켜고 끄기

>> 준비 하기

🔴 변수 - 새 숫자형 변수 만들기 를 선택하고 '상태', '설정시간' 변수 2개를 만듭니다.

>> 프로그래밍 하기

모래시계의 초깃값을 설정하고 주변 밝기와 모래시계의 작동 상태에 따라 조명을 켜고 끕니다.

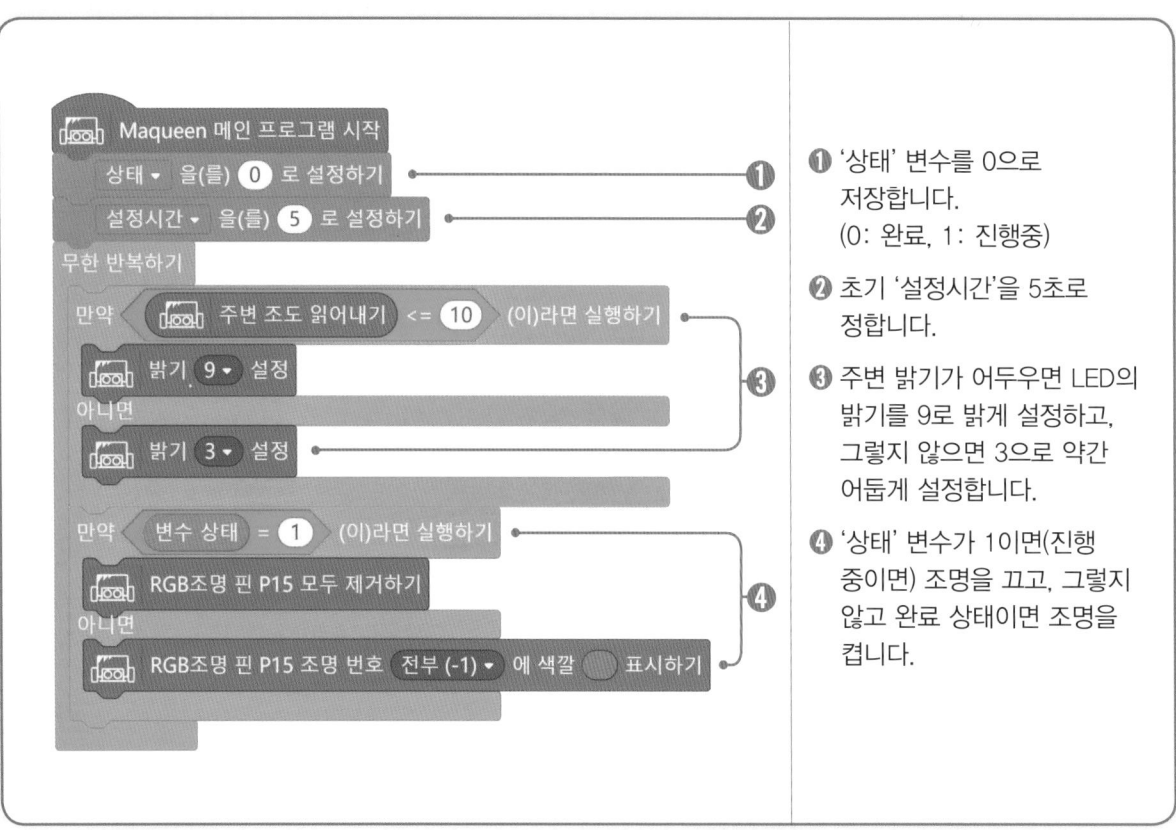

❶ '상태' 변수를 0으로 저장합니다.
(0: 완료, 1: 진행중)

❷ 초기 '설정시간'을 5초로 정합니다.

❸ 주변 밝기가 어두우면 LED의 밝기를 9로 밝게 설정하고, 그렇지 않으면 3으로 약간 어둡게 설정합니다.

❹ '상태' 변수가 1이면(진행 중이면) 조명을 끄고, 그렇지 않고 완료 상태이면 조명을 켭니다.

2 A버튼과 B버튼으로 시간 설정하기

>> 준비 하기

설정시간 ▾ 을(를) 1 로 변경하기 블록은 🔴변수 카테고리에 있습니다.

≫ 프로그래밍 하기

A버튼을 누르면 '설정시간'을 1만큼 빼고, B버튼을 누르면 1만큼 더한 다음 LED 매트릭스에 표시합니다.

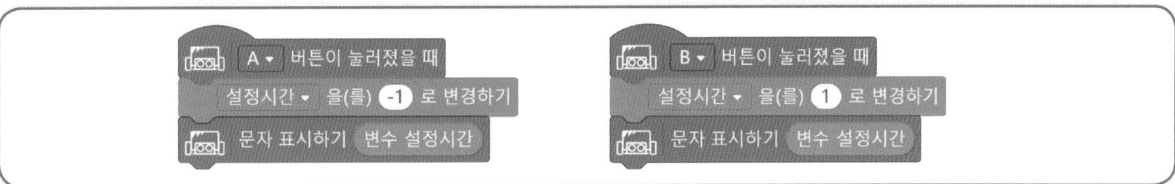

3 모래시계 애니메이션과 멜로디 재생하기

≫ 준비 하기

애니메이션 효과를 나타내기 위하여 ⬭➗⬭블록을 사용합니다.

≫ 프로그래밍 하기

마이크로비트 로고의 방향을 위아래로 바꿀 때마다 모래시계 애니메이션을
LED 매트릭스에 보여 주고 멜로디를 재생합니다.

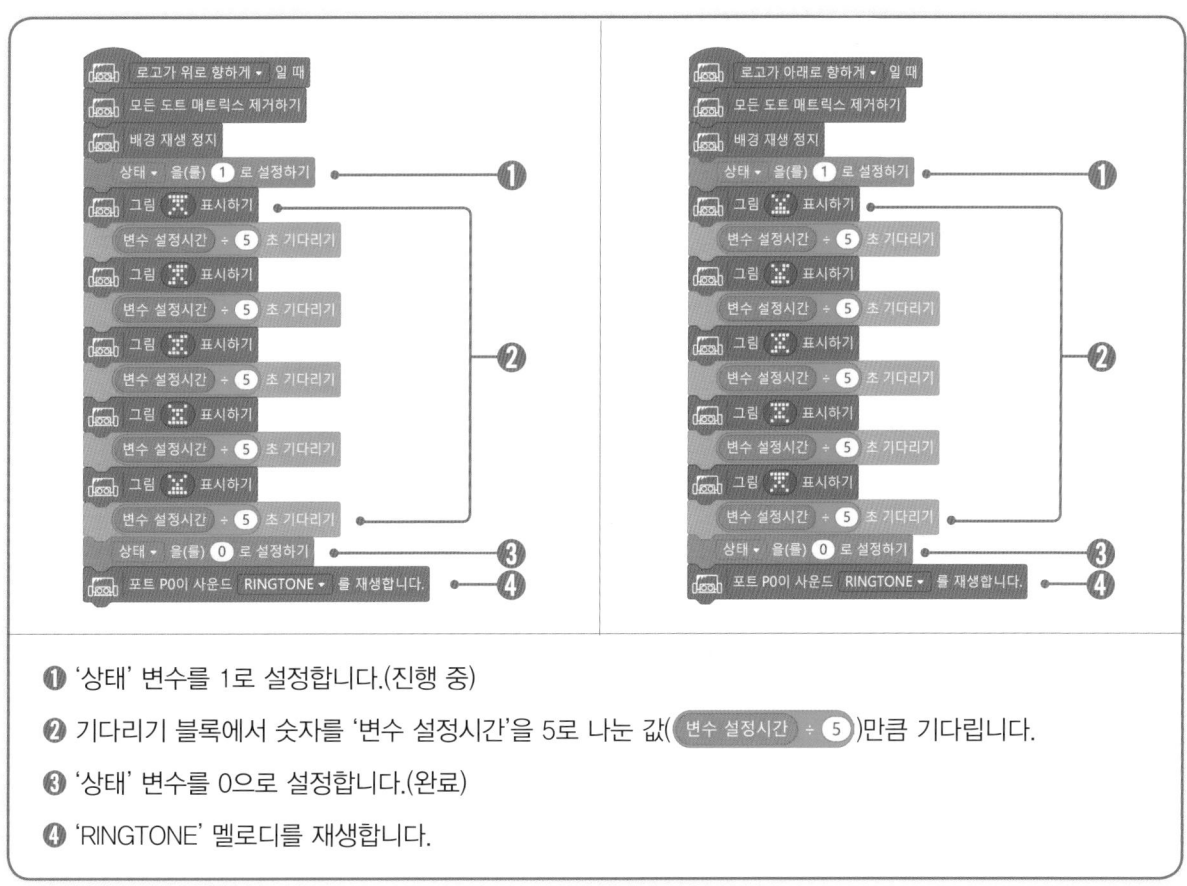

❶ '상태' 변수를 1로 설정합니다.(진행 중)

❷ 기다리기 블록에서 숫자를 '변수 설정시간'을 5로 나눈 값(변수 설정시간 ÷ 5)만큼 기다립니다.

❸ '상태' 변수를 0으로 설정합니다.(완료)

❹ 'RINGTONE' 멜로디를 재생합니다.

 ## 4 프로그램 실행하고 개선 방법 생각해 보기

설정 사항을 변경하여 다양한 시간을 잴 수 있는 모래시계를 만들어 보았어요.
프로그램을 실행해 보면서 생각한 대로 잘 되지 않았다면 그 까닭이 무엇인지
생각해 봅시다.

 기다리기 블록의 시간에서 입력값 '설정시간' 변수를 5로 나누는 이유가 뭐예요?

 모래가 떨어지는 각 스크린의 장면 수 만큼 나누기 때문입니다. (장면 수: 5)

 A버튼을 계속 눌러서 마이너스(음수) 값이 되었어요. 어떻게 해야 하죠?

 A버튼을 눌렀을 때 '설정시간' 변숫값이 0일 때에는 더 이상 값이 작아지지 않도록 아래 조건 블록을 추가해 보세요.

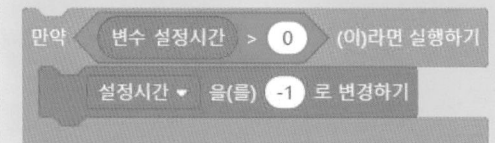

활동 15

농장을 부탁해

농장 주인의 일 손을 도와줄 방법에는 무엇이 있을까요?

마퀸 카로 해결할 수 있습니다!

학습 목표

1. 문제를 해결하기 위하여 필요한 입출력 장치를 선택할 수 있습니다.
2. 여러 가지 입출력 장치를 장착한 로봇을 만들 수 있습니다.

준비물

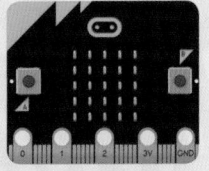

마이크로비트

마퀸 카

라인트레이싱 맵

보안관 도안

예제 주소 (송신)https://bit.ly/2qGFAnb (수신)https://bit.ly/34ccTMm

 # 해결 과제 알아보기

다양한 입출력 장치를 이용하여 해결해야 할 과제는 무엇인지 알아봅시다.

농장 주인은 넓은 농장을 낮에 쉴 틈 없이 농장을 돌봤더니 너무나 피곤합니다. 밤에는 편히 쉬어야 다음 날 또 농장을 돌볼 수 있을 것 같아요. 좋은 방법 없을까요?

낮 동안 쉴 틈 없이 농장을 돌보았더니 너무 피곤하다.

나 대신 밤에 농장을 지켜 줄 무언가가 필요해!

농장 주인 대신 밤에 농장 주변을 경비하고 알람을 울리는 로봇을 만들어 봐!

라인트레이싱 맵   보안관   로봇

② 해결 방안 생각하기

농장 주변을 경비할 보안관과 로봇을 만들기 위한 해결 방안을 생각해 봅시다.

계속해서 농장 주변을 돌면서 살폈으면 좋겠어!

농장 주변을 돌면서 경비할 보안관과 알람을 울리고 LED를 켤 로봇을 만들어 보자!

문제 해결에 필요한 입출력 장치를 알아볼까요?

스마트 농장을 만들기 위한 입출력 장치와 역할

입력 적외선 센서: 정해진 경로를 반복하여 이동
입력 초음파 센서: 농장 주변의 침입자 감시

출력 모터: 농장 주변 경비
출력 버저: 침입 알람
출력 LED: 침입 경고

무선 통신 라디오: 명령 전달

 **생각하며 배우기**　　**사물 인터넷**

사물 인터넷은 사람, 사물, 공간, 데이터 등의 모든 것이 인터넷으로 서로 연결되어 정보가 생성, 수집, 공유, 활용되는 것을 말합니다. 이런 다양한 연결을 통한 정보 융합은 인간에게 지식과 더 좋은 서비스를 제공할 수 있습니다.

③ 나의 생각 프로그래밍하기

농장을 돌면서 장애물을 감지하여 명령을 전달하는 스마트 농장을
만들어 봅시다.

프로그램 순서 나열해 보기

1 농장 주변 돌기

2 침입 감지하고 경보 알람 울리기

명령어 블록 알아보기

침입을 감지하는 보안관과 경보 알람을 울리는 로봇을 만들기 위해서는 아래와 같은 명령어
블록이 필요합니다.

오프라인으로 "hello" 전송하기	무선 통신으로 데이터를 전송합니다.
오프라인 데이터 를 수신할 때	무선 통신으로 데이터를 수신합니다.
로봇을 200 의 속도로 전진하기 ▼ 하기	모터가 움직이는 속도를 정하여, 전진, 후퇴, 왼쪽 회전, 오른쪽 회전을 하도록 명령할 수 있습니다.
로봇(좌측 우측 모터)정지	회전하는 모터를 정지시키기 위하여 사용합니다.
라인트래킹 센서 좌측(P13) ▼ 읽기	적외선 센서의 좌측, 우측의 센서값을 읽어 들입니다.
라인트래킹 센서 좌측(P13) ▼ 읽기	좌측, 우측 LED조명을 켜거나 끌 수 있습니다.
포트 P0이 사운드 DADADADUM ▼ 를 끝날 때까지 재생합니다.	버저에 선택한 음악을 끝날 때까지 재생합니다.
(P1 P2)초음파거리(cm) 읽기	초음파 센서와 물체 사이의 거리를 읽습니다.

Maqueen

차근차근 프로그래밍하기

1 농장 주변 돌기

>> 준비 하기

🔵변수 - 새 숫자형 변수 만들기 를 선택하여 '오른쪽', '왼쪽' 변수를 만듭니다.

>> 프로그래밍 하기

적외선 센서로 검은색은 0, 흰색은 1의 값을 입력받아 농장 주변을 반복하여 돌도록 프로그래밍합니다.

▶보안관

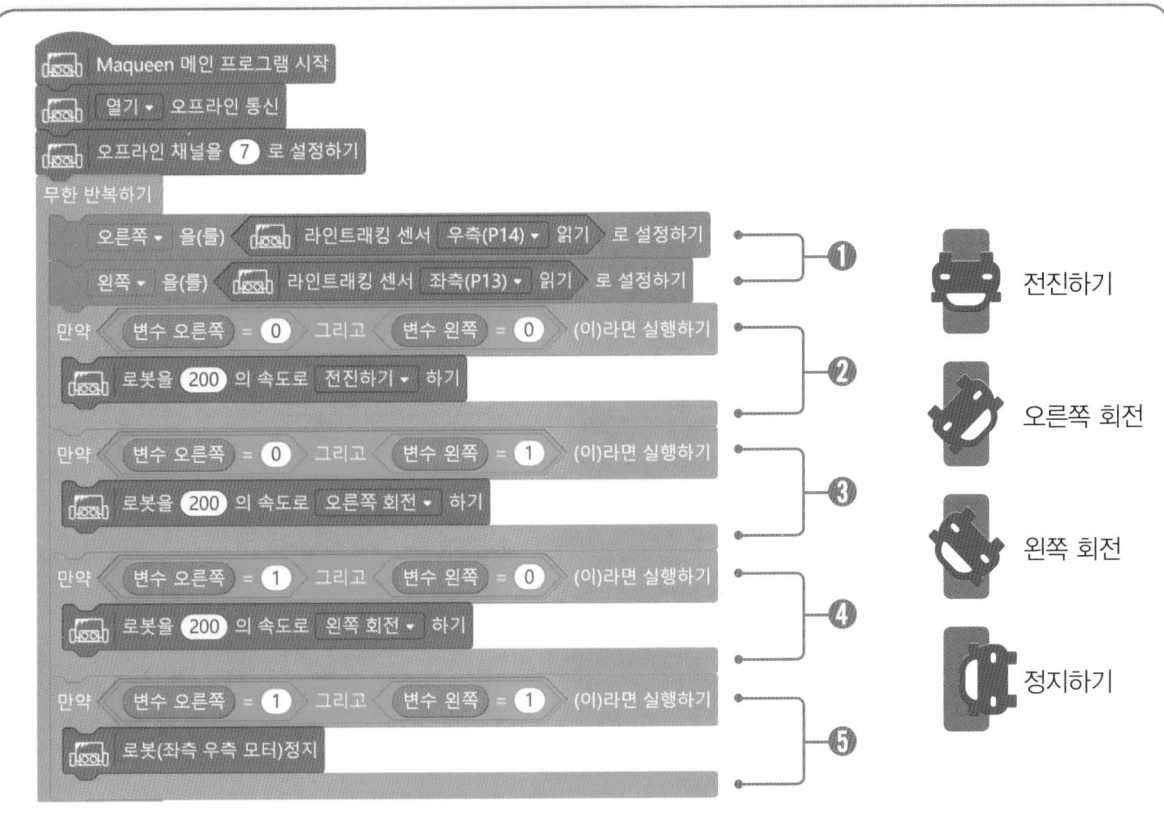

❶ 오른쪽과 왼쪽의 적외선 센서값을 입력받아 변수에 저장합니다.

❷ 오른쪽과 왼쪽 적외선 센서가 모두 검은색 선 위에 있으면 앞으로 이동합니다.

❸ 오른쪽 적외선 센서의 위치가 검은색 선 위에 있고, 왼쪽 적외선 센서의 위치가 검은색 선을 벗어나면 오른쪽으로 회전하도록 합니다.

❹ 오른쪽 적외선 센서의 위치가 검은색 선을 벗어나고, 왼쪽 적외선 센서의 위치가 검은색 선 위에 있으면 왼쪽으로 회전하도록 합니다.

❺ 오른쪽과 왼쪽 적외선 센서가 모두 검은색 선을 벗어나면 정지합니다.

2 침입 감지하고 경보 알람 울리기

>> 준비 하기

① ●변수 - 새 숫자형 변수 만들기 를 선택하여 '시간차', '체크시간', '침입거리' 변수를 만듭니다.

② 침입 알람 경보를 울릴 마퀸을 준비합니다.

>> 프로그래밍 하기

농장 주변을 돌면서 초음파 센서로 침입을 감지하고, 감지되면 알람 경보가 작동합니다.

▶보안관

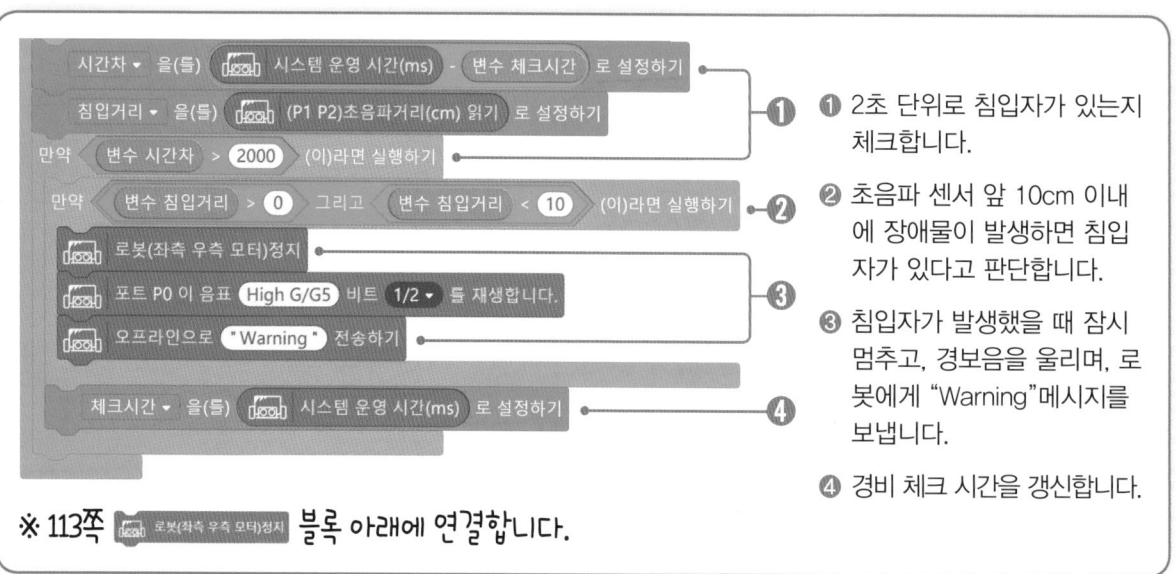

❶ 2초 단위로 침입자가 있는지 체크합니다.

❷ 초음파 센서 앞 10cm 이내에 장애물이 발생하면 침입자가 있다고 판단합니다.

❸ 침입자가 발생했을 때 잠시 멈추고, 경보음을 울리며, 로봇에게 "Warning"메시지를 보냅니다.

❹ 경비 체크 시간을 갱신합니다.

※ 113쪽 [로봇(좌측 우측 모터)정지] 블록 아래에 연결합니다.

▶로봇

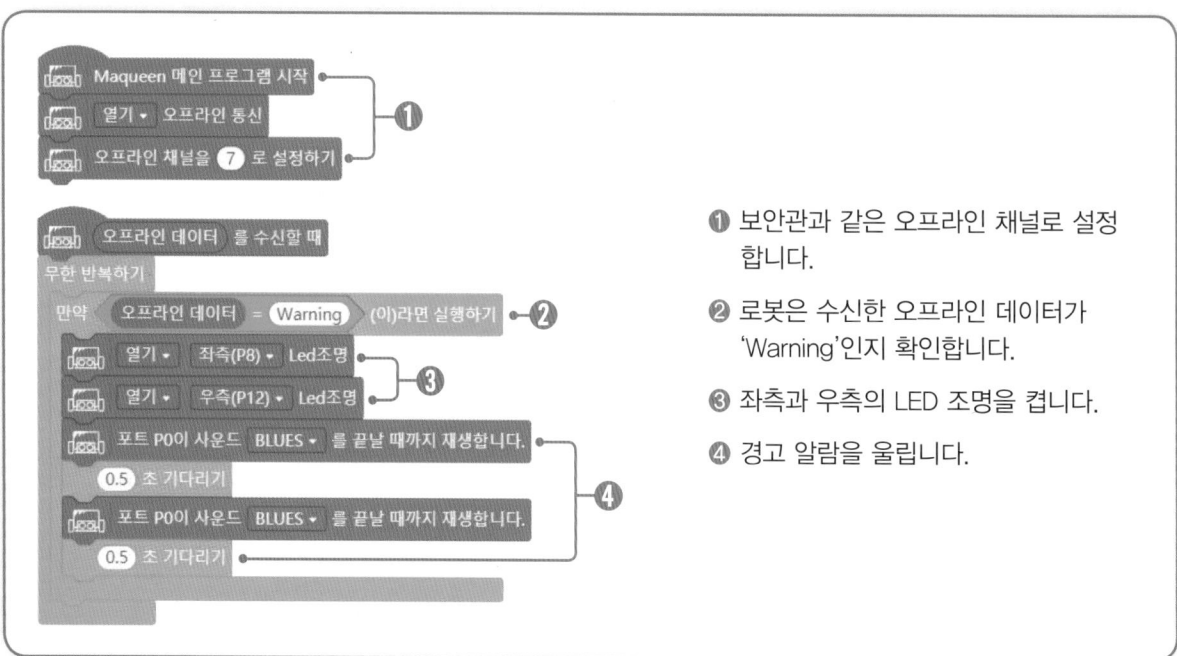

❶ 보안관과 같은 오프라인 채널로 설정합니다.

❷ 로봇은 수신한 오프라인 데이터가 'Warning'인지 확인합니다.

❸ 좌측과 우측의 LED 조명을 켭니다.

❹ 경고 알람을 울립니다.

4 프로그램 실행하고 개선 방법 생각해 보기

실행이 잘 되나요? 생각한 대로 되지 않았다면 **Q&A** 코너로 이동하고,
실행이 잘 된다면 **추가하고 싶은 기능이나 개선할 점** 이 무엇인지 생각해 봅시다.

 검은선을 따라 움직이지 않아요.

설정이 제대로 되었는지
확인해 보세요.

 데이터가 제대로 수집되고 있는지 확인하고 싶어요.

 설정하고,

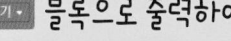 블록으로 출력하여

시리얼 모니터 창에서 확인해 보세요.

추가하고 싶은 기능이나 개선할 점

 밤에 농장을 지키는 일외에 다른 일도 나눠서
했음 좋겠어요.

빛과 온도 데이터를 바탕으로 가로등을 켜고,
온도를 조절하는 로봇을 만들어보자!

활동 **16**

농장 일을 나눠서 해요

지금까지 배운 입출력 장치를
활용하여 자유로운
창작 활동을 해 보세요.

학습 목표

❶ 로봇의 활용 사례를 통해 작동
원리를 설명할 수 있습니다.

❷ 여러 가지 입출력 장치를 장착
한 로봇을 만들 수 있습니다.

준비물

마이크로비트

마퀸 카

선풍기 도안

가로등 도안

예제 주소 (송신)https://bit.ly/2E8xO8M (수신)https://bit.ly/2Ead6Fe

https://bit.ly/2E2UsiP

1 해결 과제 알아보기

다양한 입출력 장치를 이용하여 해결해야 할 과제는 무엇인지 알아봅시다.

농장 주인 대신 밤에 보안관이 농장을 지켜주니 농장 일이 훨씬 수월해졌어요.
다른 일들도 나눠서 할 수 있는 좋은 방법 없을까요?

❷ 해결 방안 생각하기

농장 주변의 빛의 밝기와 온도에 변화가 생기면 이를 처리하는 로봇을 만들기
위한 해결 방안을 생각해 봅시다.

변화가 있을 때마다
메시지를 보낼게!

자신에게 온 메시지인지 확인하고 명령을
처리하는 로봇을 만들어 보자!

문제 해결에 필요한 입출력 장치를 알아 볼까요?

필요한 입출력 장치의 역할을 써 보세요.

입력

적외선 센서: _____

초음파 센서: _____

출력

모터: _____

버저: _____

LED: _____

무선 통신

라디오: _____

🌱 **생각하며 배우기**　　　**홈 네트워크**

홈 네트워크는 집 밖에서도 집 안의 가전제품들을 동작하게 만드는 기능을
말합니다. 최근 아파트나 건물 등에 많이 적용되고 있으며 홈 네트워크가
설치된 건물은 외부에서 관리자가 건물 내부에 켜놓은 전등을 끄거나
보일러를 미리 켤 수 있으며 도둑이 침입했는지 감시할 수 있습니다.

3 나의 생각 프로그래밍하기

농장을 돌면서 빛과 온도를 감지하여 명령을 전달하는 스마트 농장을
만들어 봅시다.

프로그램 순서 나열해 보기

1 빛과 온도를 감지하여 명령 전달하기

2 가로등 불 켜기

3 선풍기 팬 돌리기

명령어 블록 알아보기

스마트 농장을 구현하기 위해서는 아래와 같은 명령어 블록이 필요합니다.

Maqueen		
	오프라인 데이터 를 수신할 때	무선 통신으로 데이터를 수신합니다.
	열기 ▾ 오프라인 통신	무선 통신을 하기 위해 설정합니다.
	오프라인 채널을 **7** 로 설정하기	오프라인 채널을 설정합니다.
	주변 조도 읽어내기	주변의 빛의 세기를 감지하여 값을 읽습니다.
	온도값(℃) 읽기	주변의 온도값을 읽습니다.
	모터 왼쪽 ▾ 를 **200** 의 속도로 정방향 ▾ 회전 설정하기	설정한 방향의 모터를 입력한 속도와 방향으로 회전시킵니다.
	RGB조명 핀 P15 조명 번호 RGB0 (0) ▾ 에 색깔 ◯ 표시하기	RGB 조명 4개를 선택한 색으로 불을 켭니다.

차근차근 프로그래밍하기

1 빛과 온도를 감지하여 명령 전달하기

>> 준비 하기

❶ [변수] - [새 숫자형 변수 만들기] 를 선택하여 '온도평균' 변수를 만듭니다.

❷ 보안관 프로그램(교재 114쪽)에서 [오프라인으로 "Warning" 전송하기] 블록 아래에 프로그램을 작성합니다.

>> 프로그래밍 하기

보안관은 농장 주변을 돌면서 빛과 온도 센서로 주변 환경 설정을 감지하고, 값의 변화가 감지되면 가로등 로봇과 선풍기 로봇에게 명령을 전달합니다.

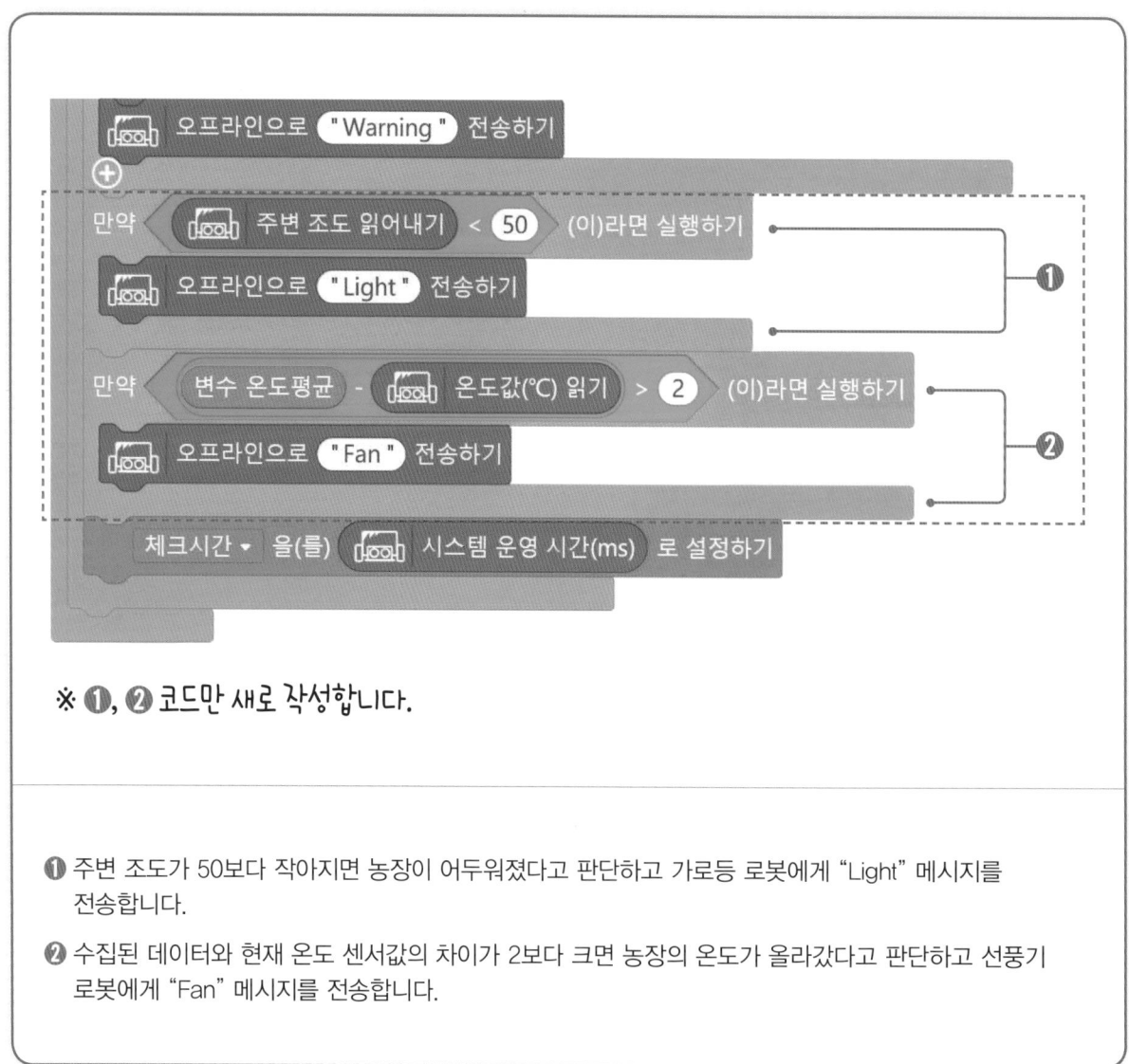

※ ❶, ❷ 코드만 새로 작성합니다.

❶ 주변 조도가 50보다 작아지면 농장이 어두워졌다고 판단하고 가로등 로봇에게 "Light" 메시지를 전송합니다.

❷ 수집된 데이터와 현재 온도 센서값의 차이가 2보다 크면 농장의 온도가 올라갔다고 판단하고 선풍기 로봇에게 "Fan" 메시지를 전송합니다.

12 가로등 불 켜기와 선풍기 팬 돌리기

>> 준비 하기

두 대의 마퀸을 준비하여 가로등과 선풍기의 역할을 정합니다.

>> 프로그래밍 하기

'Light' 메시지를 받으면 가로등의 불을 켜고, 'Fan' 메시지를 받으면 선풍기 팬을 돌립니다.

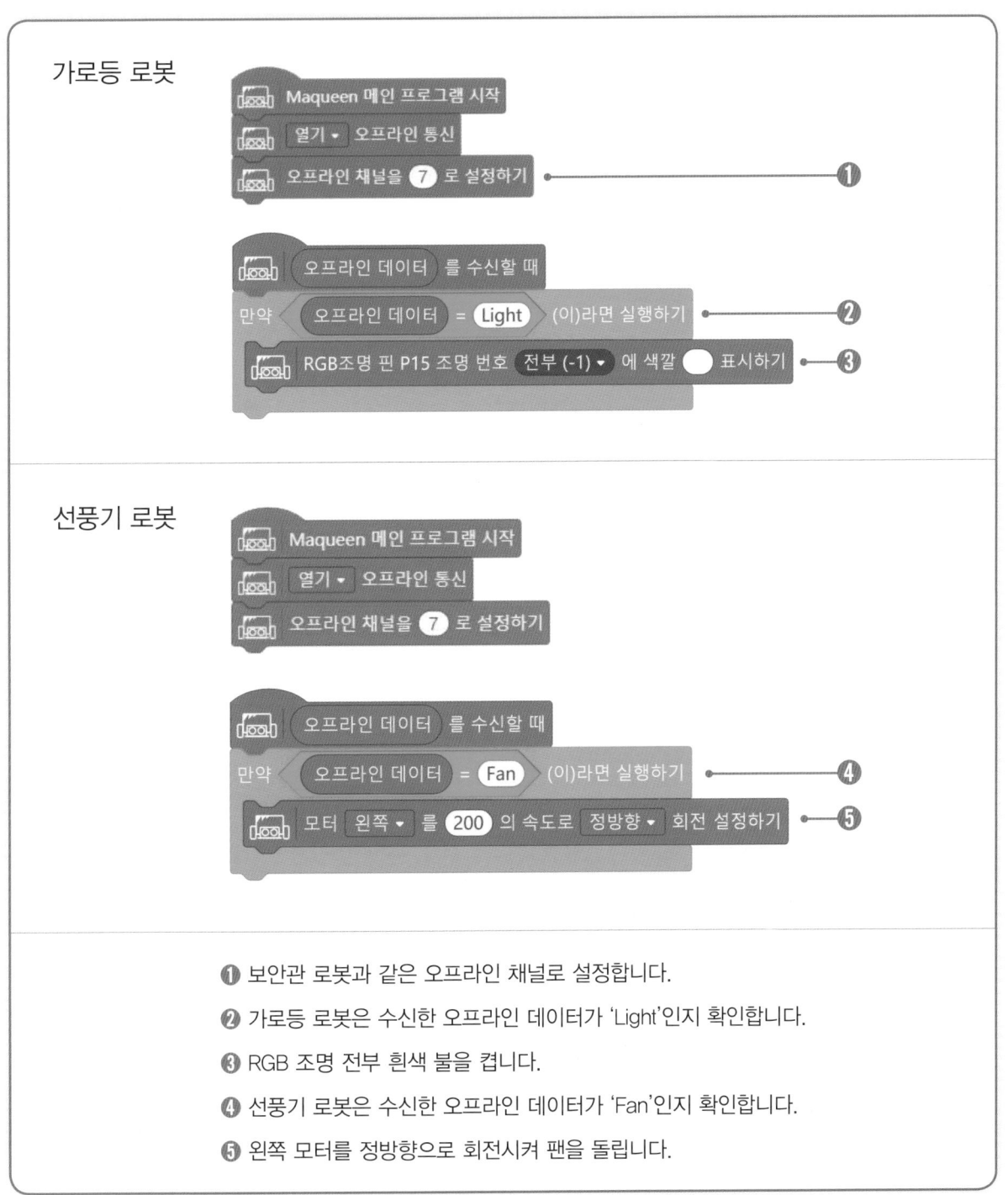

① 보안관 로봇과 같은 오프라인 채널로 설정합니다.

② 가로등 로봇은 수신한 오프라인 데이터가 'Light'인지 확인합니다.

③ RGB 조명 전부 흰색 불을 켭니다.

④ 선풍기 로봇은 수신한 오프라인 데이터가 'Fan'인지 확인합니다.

⑤ 왼쪽 모터를 정방향으로 회전시켜 팬을 돌립니다.

4 프로그램 실행하고 개선 방법 생각해 보기

실행이 잘 되나요? 생각한 대로 되지 않았다면 Q&A 코너로
이동하여 확인한 뒤, 프로그래밍을 수정해 봅시다.

가로등의 한 쪽만 불이 들어와요.

RGB조명 핀 P15 조명 번호 전부 (-1) ▼ 에 색깔 ○ 표시하기

블록에서 전부(-1)로 선택되었는지 확인하세요.

선풍기가 동작하지 않아요.

오프라인 데이터 = Fan 블록에서 수신된 데이터가
'Fan'이 맞는지 확인하세요. 전송된 메시지가 자신한테
보낸 것인지 확인하세요!

어두워지거나 온도의 변화가 크지 않은 것
같은데 동작해요.

주변 조도 읽어내기 < 50 과 변수 온도평균 - 온도값(℃) 읽기 > 2 의

비굣값을 자신의 상황에 맞게 변경해 보세요.

수고 많으셨습니다.

memo

memo

오리는 선

접는 선

풀칠하는 면

──────── 오리는 선

------------ 접는 선

////////// 풀칠하는 면

빛으로 말하는
자동차를
꾸며 보세요!

——— 오리는 선

------------ 접는 선

////// 풀칠하는 면

수신용 자동차를 꾸며 보세요!

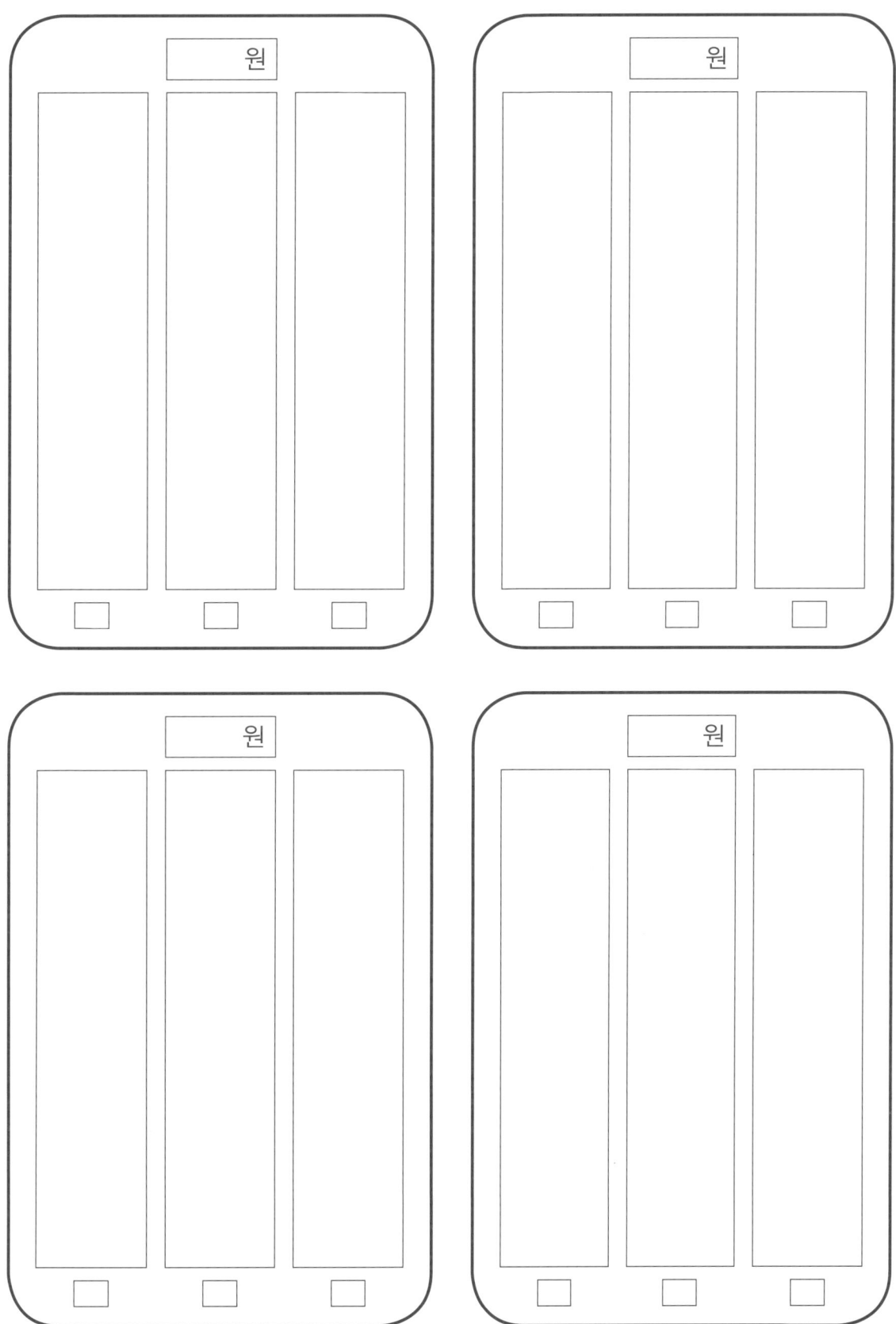

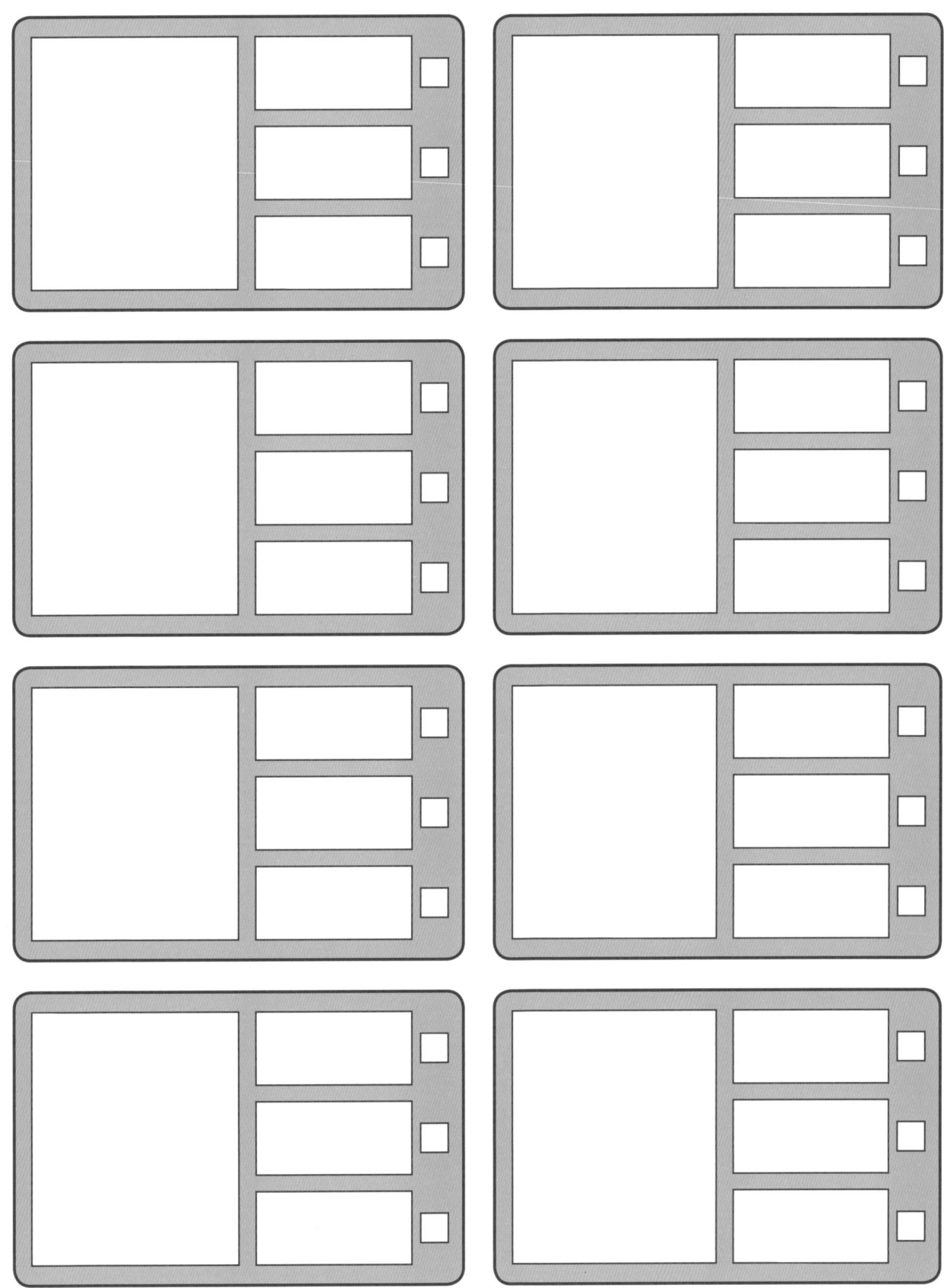

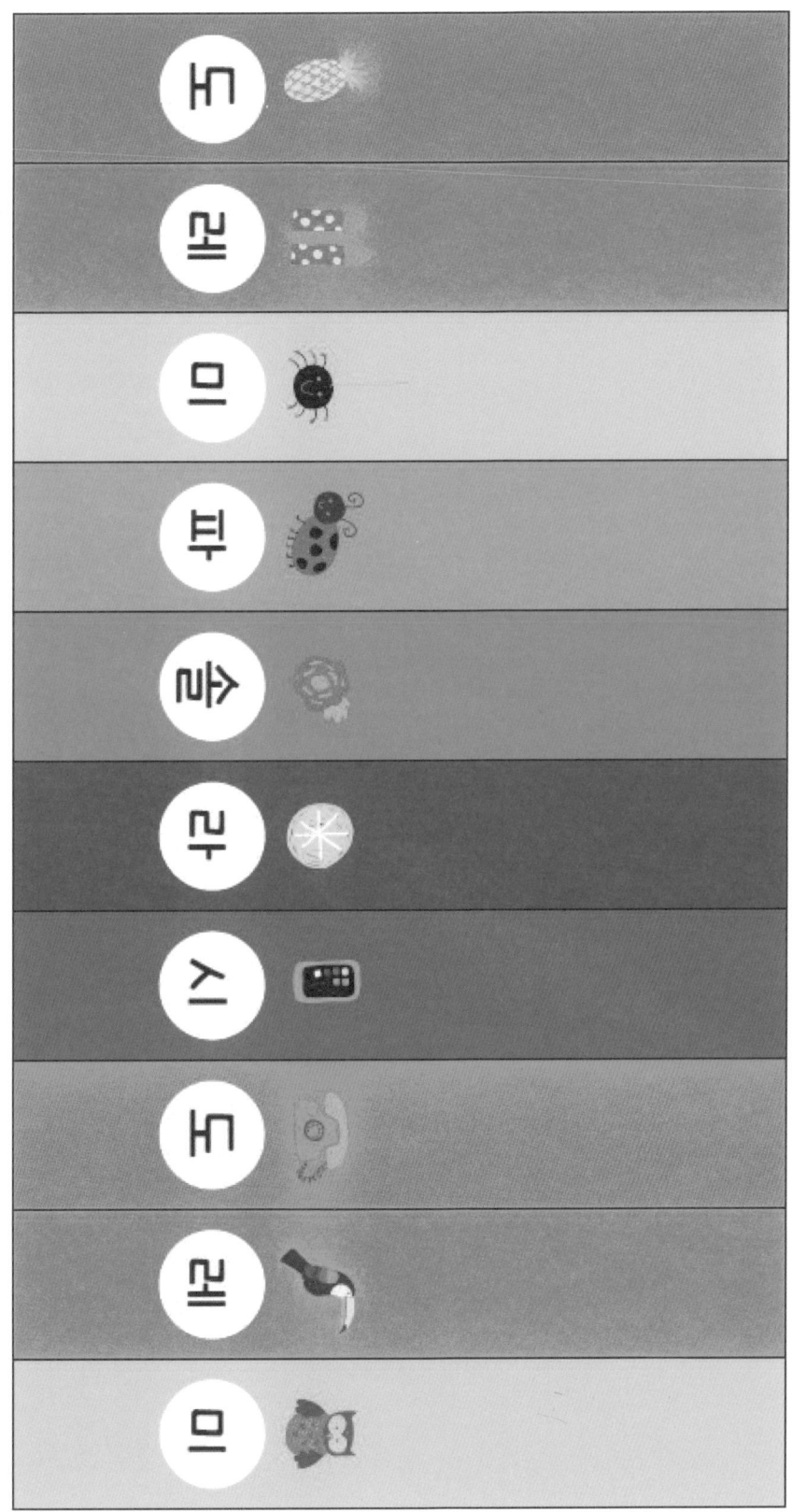

—————— 오리는 선

------------ 접는 선

풀칠하는 면

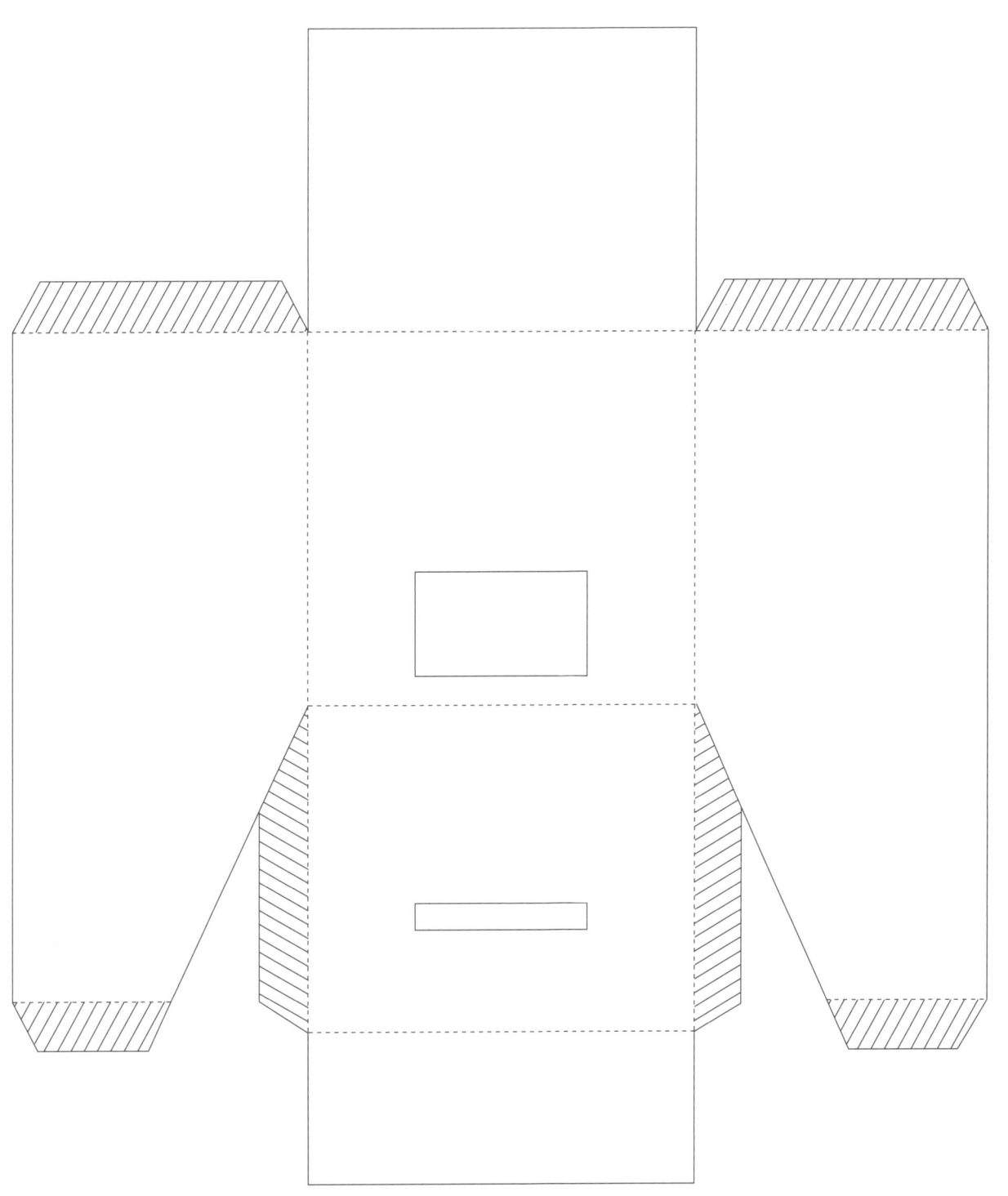

──────── 오리는 선

----------- 접는 선

///////// 풀칠하는 면

농장을 지키는
보안관으로
꾸며 보세요!

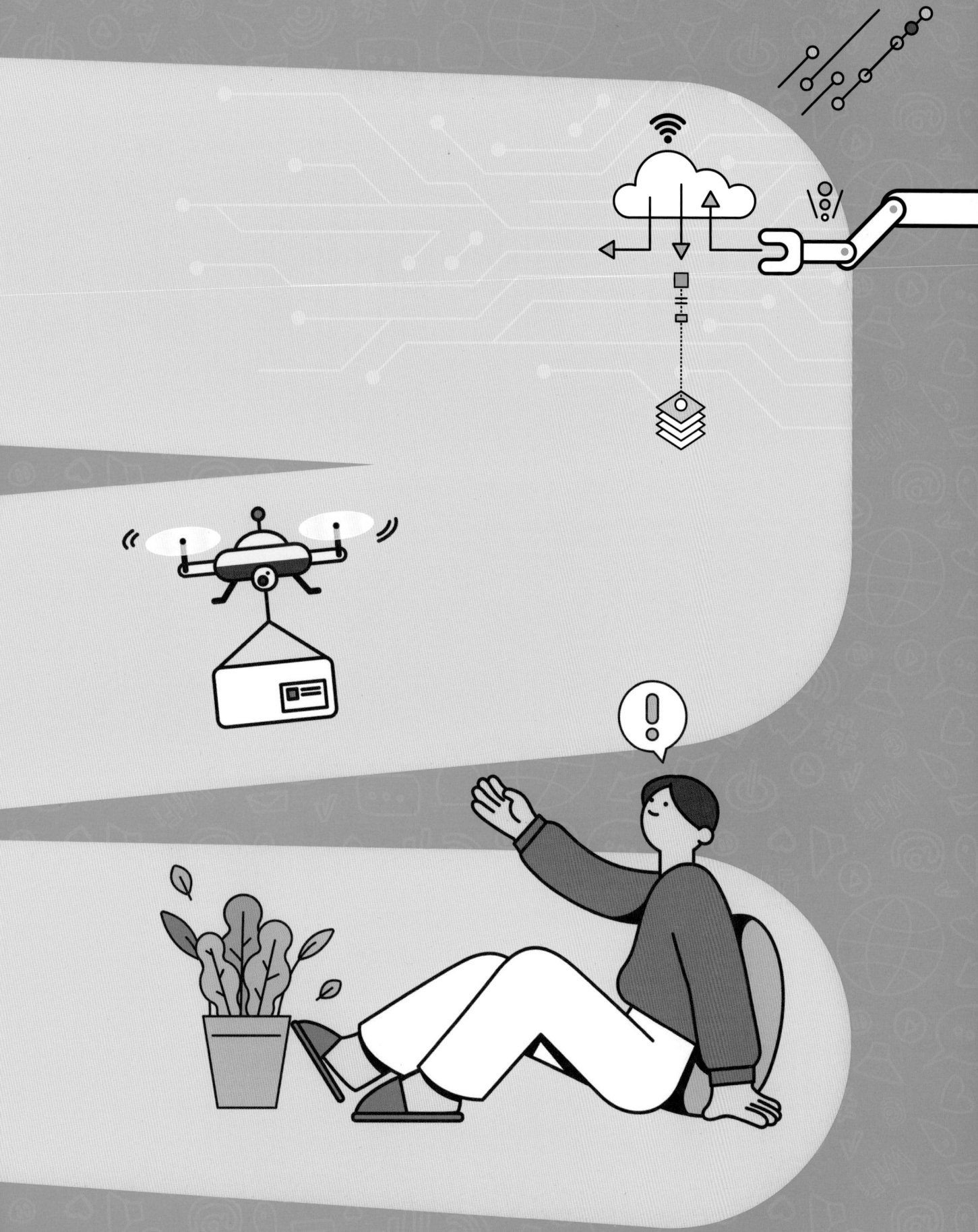

1 인공지능 로봇! 그게 뭐야?

활동 미션

지금부터 우리는!
영화나 현실에서 만나는 인공지능 로봇을 통해 인공지능이 무엇인지 살펴볼까요?

수업 흐름

STEP ❶
7분
→
STEP ❷
8분
→
STEP ❸
15분
→
STEP ❹
15분

수업 시간
45분

준비물 워크북, 필기도구, 색연필, 사인펜, 스마트폰, 인터넷이 가능한 환경

STEP ❶
7분

영상을 보며 빈칸에 알맞은 단어를 적어 봅시다.

❶ 인공지능 로봇 '소피아'는 어떤 사람을 닮고 싶다고 했나요?

☐☐ 와 ☐☐ 을 주는 사람

인공지능
▶ 05:25

❷ 로봇의 정의입니다. 빈칸을 채워 보세요.

로봇은 인간이 넣은 ☐☐☐ 에 따라 정해진 일을 ☐☐☐ 으로 처리하는 기계입니다.

❸ 인공지능은 어떤 과정을 거쳐 고양이와 개를 구분하나요?

다양한 개와 고양이의 ☐☐☐ 를 스스로 ☐☐–☐☐ 해

개와 고양이를 구분할 수 있는 ☐☐ 을 만듭니다.

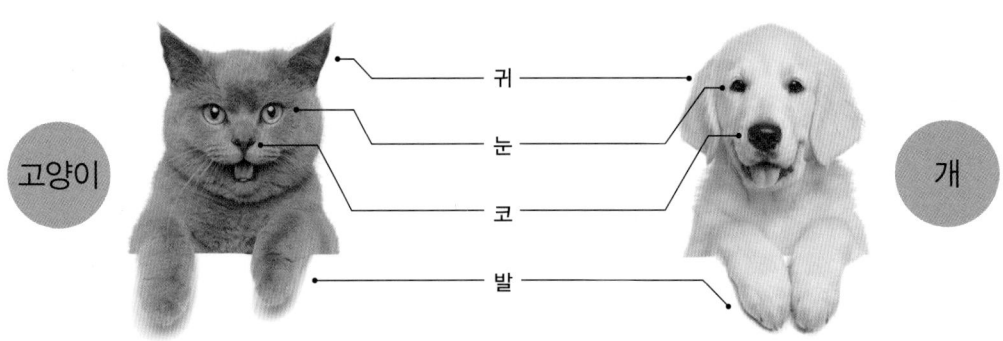

고양이

귀
눈
코
발

개

Tip 우리가 매 순간 보고 듣고 생각하고 판단하는 중심에는 지능이 있어요. 인공지능(AI)은 이러한 지능적 활동을
인간의 간섭 없이 컴퓨터가 스스로 할 수 있도록 능력을 부여하는 기술입니다.

인공지능 로봇 '소피아'가 지닌 특징을 정리해 봅시다.

인공지능 로봇 소피아(Sophia)

머리에는 투명한 플라스틱 덮개 아래로 전기 회로가 보여요. 사람과 구별되지 않을까봐 가발을 일부러 쓰지 않았어요.

눈썹을 찌푸리는 등 얼굴 표정으로 여러 가지 감정을 표현해요.

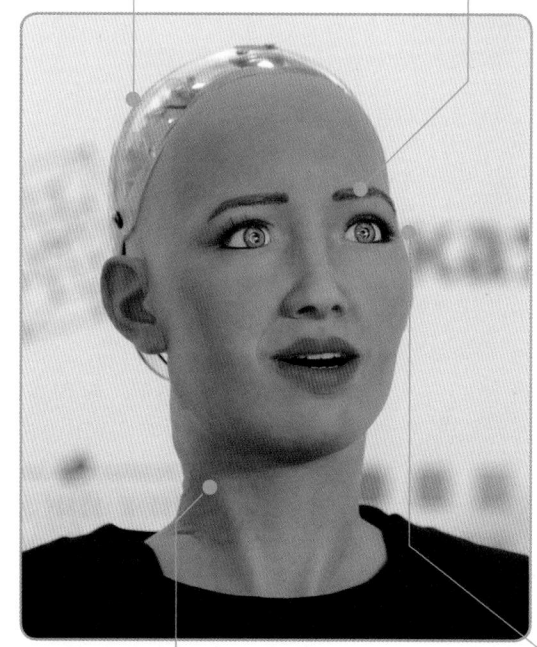

출 생 지	홍콩(핸슨 로보틱스 사가 개발)
자랑거리	1. 배우 오드리 햅번 얼굴을 닮았어요.
	2. 사람과 실시간으로 대화할 수 있어요.
	3. 2017년 10월, 로봇으로는 최초로 사우디아라비아 시민권을 발급 받았어요.
특이 사항	가끔씩 아무 말 대잔치를 해요.

피부는 플러버(frubber)란 소재로 만들었는데, 사람의 피부와 유사한 질감이지요.

눈을 깜빡이며 3D 센서로 대화 상대가 누구인지 인식해요.

Tip 인식: 사물을 분별하고 판단하여 앎.

◯ 빈칸에 알맞은 단어를 적고, 로봇과 인공지능 로봇의 차이점을 적어 보세요.

인공지능 로봇 '소피아'는 매끈한 피부, 가느다란 코, 매력적인 미소, 빛에 따라 변하는 감성적인 눈을 갖고 있어요. 소피아는 사람들과 □ 을 맞추고 □□ 을 인식하고 인간의 □□ 를 이해하며 여러 가지 □□ 을 표현해요.

차이점	

 **STEP ③** 15분 영화에 등장하는 다양한 인공지능 로봇을 살펴봅시다.

❶ 주어진 영화 목록에서 관심이 가는 영화를 하나 골라 표시해 보세요.

인공지능 로봇이 등장하는 영화

「로봇, 소리」 ☐   「터미네이터 2」 ☐   「월·E」 ☐   「빅 히어로」 ☐

「A.I.」 ☐   「바이센테니얼 맨」 ☐   「아이언맨」 ☐   「채피」 ☐

❷ 선택한 영화 속 인공지능 로봇의 소개서를 작성하고자 합니다. 로봇의 모습을 그리고, 특징을 적어 보세요.

인공지능 로봇 소개서

모습	특징

모둠원이 조사한 인공지능 로봇을 서로 공유해 봅시다.

❶ STEP 3(8쪽)에서 조사한 인공지능 로봇 소개서를 모둠원이 돌아가면서 발표해 보세요.

❷ 모둠원의 발표를 들으며 인공지능 로봇의 이름과 특징을 정리해 보세요.

모둠원 이름	인공지능 로봇의 이름	인공지능 로봇의 특징

❸ 활동을 마치며 인공지능 로봇이 지닌 공통된 특징을 정리해 보세요.

⭐ 활동 1을 마무리하며 나의 학업 성취도를 평가해 보세요.

- ♥ 수업에서 가장 흥미 있었던 점 ＞
- ✔ 수업을 통해 새롭게 알게 된 점 ＞
- ➕ 수업을 통해 더 알고 싶어진 점 ＞

2 인공지능, 우리 일자리를 대체할까?

활동 미션
지금부터 우리는!
인공지능(AI)이 일자리 판도를 어떻게 바꿔 놓을지 생각해 볼까요?

수업 흐름

STEP ❶ 8분 → STEP ❷ 7분 → STEP ❸ 15분 → STEP ❹ 15분 | 수업 시간 45분

준비물 워크북, 필기도구, 스마트폰, 인터넷이 가능한 환경

STEP ❶ 8분 영상을 시청한 후 내 생각을 정리해 봅시다.

❶ 사람은 의사소통을 할 때 언어적 표현(음성, 문자)뿐만 아니라 비언어적 표현 (몸짓, 손짓, 표정, 시선, 자세 등)을 사용하기도 합니다. 그리고 같은 언어적 표현이라 해도 비언어적 표현을 함께 사용하면 의미가 다양해집니다.

AI 시대, 통역사는 먹고 살기 힘들다
▶ 05:40

이런 점을 생각해 볼 때, 사람이 인공지능 통역사보다 더 잘할 수 있는 것은 무엇일까요?

❷ 인공지능 통·번역 기술은 통역사라는 직업에 어떤 영향을 미칠까요?

번역 애플리케이션을 직접 체험해 봅시다.

❶ 구글 플레이 스토어에서 'Google 번역' 애플리케이션을 설치해 보세요.

❷ 애플리케이션을 실행하여 번역 언어와 번역 방법을 선택해 보세요.

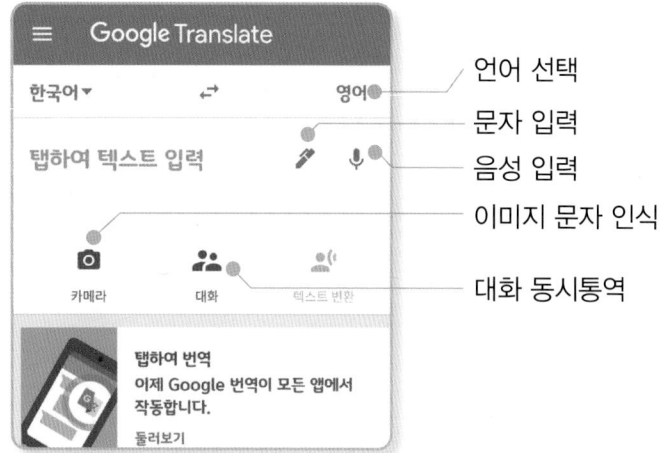

언어 선택
문자 입력
음성 입력
이미지 문자 인식
대화 동시통역

❸ 번역 애플리케이션에 있는 다양한 기능을 체험해 보세요.

1. 문자 번역하기

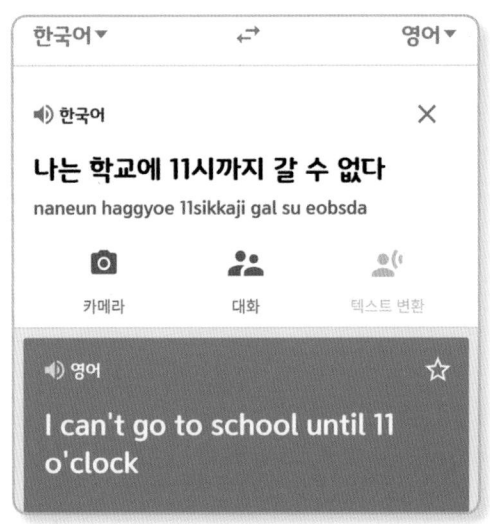

2. 대화를 동시통역하기

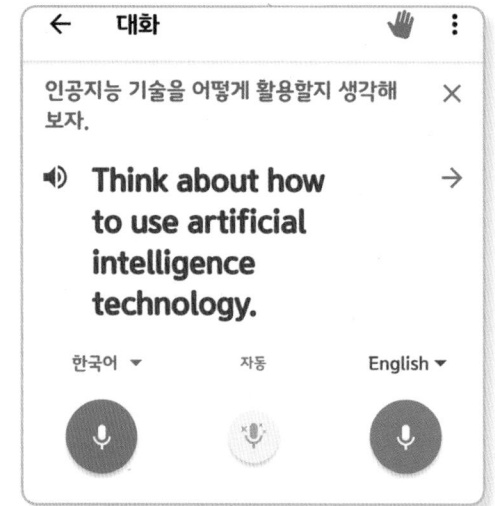

3. 이미지 내 문자를 번역하기

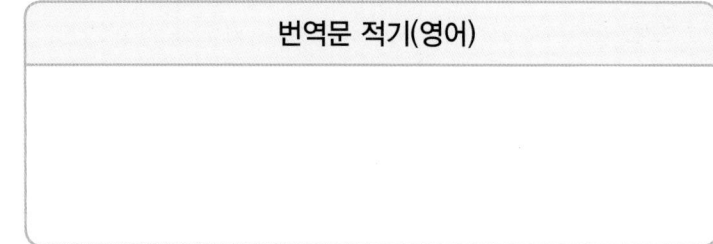

우리는 이미 청소 로봇과 스마트 스피커, 감정 인식 로봇 같은 다양한 인공지능 기술을 일상생활에서 접하고 있다.

번역문 적기(영어)

좋아하는 노래 가사를 번역해 봅시다.

❶ 다음에 제시된 노래 중에서, 모둠별로 한 곡을 고르고 노래 가사를 확인해 보세요

☐    ☐    ☐    ☐    

「Let it go」   「A whole new world」   「Remember me」   「Try everything」   노래 가사
겨울왕국 OST   알라딘 OST   코코 OST   주토피아 OST   확인하기

❷ 모둠원이 번역할 분량을 협의하여 나눈 후, 각자 맡은 부분을 앱을 활용하여 번역해 보세요.

내가 번역할 영어 가사 적기

∨

한글로 번역한 가사 적기

❶ 모둠원이 번역한 가사 중 어색한 부분이 있다면 함께 고쳐서 한글 노래 가사를 완성해 보세요.

곡명: _____

❷ 모둠원이 다함께 반주에 맞춰 한글 가사로 노래를 불러 보세요.

「Let it go」
겨울왕국 OST

「A whole new world」
알라딘 OST

「Remember me」
코코 OST

「Try everything」
주토피아 OST

✪ 활동 2를 마무리하며 나의 학업 성취도를 평가해 보세요.

- ♡ 수업에서 가장
  흥미 있었던 점 ＞ ....
- ✔ 수업을 통해
  새롭게 알게 된 점 ＞ ....
- ➕ 수업을 통해
  더 알고 싶어진 점 ＞ ....

3 인공지능, 어디까지 알고 있니?

활동 미션

지금부터 우리는!

일상 생활 속에서 만날 수 있는 인공지능 기반 서비스 또는 제품을 찾아볼까요?

수업 흐름

STEP ❶ 10분 → STEP ❷ 15분 → STEP ❸ 10분 → STEP ❹ 10분 수업 시간 45분

준비물 워크북, 필기도구, 포스트잇, 스마트폰, 인터넷이 가능한 환경

STEP ❶ 10분 영상을 시청한 후, 자신의 생각을 정리하는 시간을 가져봅시다.

❶ 유튜브나 넷플릭스는 어떤 원리로 고객에게 맞춤형 동영상을 제공할까요?

생활 속 인공지능 활용

▶08:16

❷ 광고를 만드는 인공지능은 어떤 정보를 활용하여 광고를 만들까요?

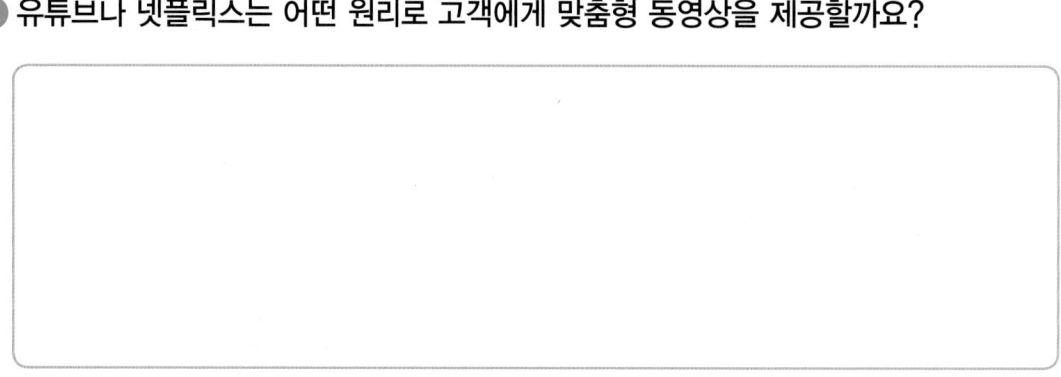

정보 수집

STEP ②
15분

'인공지능 빙고 게임'을 하면서 일상 생활 속의 인공지능
사례를 살펴봅시다.

❶ 아래 빙고 판의 인공지능 사례에서, 자신이 경험해 본 사례에 동그라미 쳐 보세요.

❷ 모둠원과 게임 순서와 빙고 수를 협의해 보세요.

❸ 첫 번째 학생이 자신이 경험해 보지 않은 사례 하나를 골라 모둠원에게 설명을 요청해 보세요.

❹ 설명할 수 있는 모둠원은 손을 드세요. 두 명 이상이 손을 든 경우 설명을 요청한 사람이 선택을
합니다. 설명을 정확하게 한 학생은 자신의 빙고 칸 하나를 동그라미 칠 수 있습니다.

❺ 가장 먼저 빙고를 완성한 모둠원이 게임의 승자가 됩니다.

인공지능 빙고 게임(AI BINGO GAME)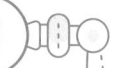

"내가 좋아하는 장르의 영화를 추천해 주네." 맞춤형 영화 추천 서비스	"필요 없는 메일이 안 보이네." 스팸 이메일 자동 분류	"가장 빠른 길 좀 알려줘." 길 찾기 서비스	"쇼핑몰 첫 화면에 내가 찾던 물건이 있네." 제품 추천 서비스
"하굣길에 신나는 노래 추천해 줘." 맞춤형 음악 추천 서비스	"내가 원하는 정보는 무엇이든지 찾을 수 있네?" 검색 엔진	"지금 나오는 노래 제목을 알려줘." 노래 인식 기술	"간편하게 채팅으로 문의해야지." 챗봇
"오늘 날씨 알려줘." 스마트 스피커	"내 노트북은 내 얼굴을 인식해야 사용할 수 있어." 얼굴 인식 기술	"엄마한테 전화 좀 걸어줘." 음성 인식 기술	"나에게 어울리는 화장법을 추천해 줘." 인공지능 카메라 앱
"연관 검색어 정말 편리하네." 검색 엔진 자동 완성 기능	"이 기사는 인공지능 기자가 작성하였습니다." 인공지능이 쓴 기사	"필요한 메일만 골라볼 수 있네." 중요한 이메일 자동 분류	"어제 찾아본 상품이 광고로 뜨네?" SNS 상의 추천 광고 서비스

내 빙고 수		우리 모둠 1등	

❶ STEP 2의 빙고 게임을 하며 관심 있었던 인공지능 사례를 적어 보세요.

❷ 나와 친구들이 경험해 본 사례와 인터넷으로 더 조사한 사례를 적어 보세요.

❸ 작성한 내용을 모둠원끼리 발표하여 공유해 보세요.

1. 빙고 게임 사례	2. 나와 친구들의 사례	3. 인터넷으로 찾은 사례

❶ Ⅱ단원의 활동 4~13에서 해보고 싶은 활동을 골라 포스트잇에 한 가지씩 적어 보세요.

❷ 포스트잇 뒷면에는 학번과 이름을 적어 보세요.

❸ 학급 전체의 포스트잇을 활동 분야별로 분류하고, 많이 선택된 활동 분야 순으로 모둠을 구성해 보세요.

❹ 내가 하고 싶은 활동이 모둠으로 구성되지 않은 경우, 만들어진 모둠 중에서 선택해 보세요.

❺ 함께 체험할 친구들의 이름을 적어 보세요.

Ⅱ단원 활동 4~활동 13

| 활동 4 웹툰 분야 | 활동 5 작곡 분야 | 활동 6 미술 분야 | 활동 7 금융 분야 | 활동 8 언론 분야 |
| 활동 9 교육 분야 | 활동 10 음식 분야 | 활동 11 제조 분야 | 활동 12 의료 분야 | 활동 13 미용 분야 |

순서	내가 하고 싶은 활동 분야	함께할 친구들
1		
2		
3		
4		
5		

✪ 활동 3을 마무리하며 나의 학업 성취도를 평가해 보세요.

- ♥ 수업에서 가장 흥미 있었던 점 〉
- ✅ 수업을 통해 새롭게 알게 된 점 〉
- ➕ 수업을 통해 더 알고 싶어진 점 〉

II

인공지능(AI)과 협력하다

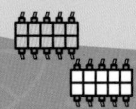

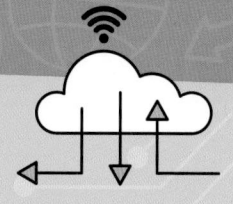
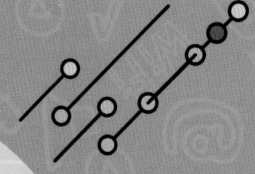

인공지능이 우리 삶의 곳곳에서 보편화하면 할수록 '우리가 인공지능과 어떻게 소통하고 인공지능을 어떻게 활용해야 하는가?'라는 문제는 점점 더 필요한 소양이 될 것입니다.

이 단원에서는 인간과 협력하는 '도구로서의 인공지능'을 강조하여 여러 직업 분야에서 인공지능을 활용하여 어떻게 창의적으로 직업 내 문제점을 해결할 수 있는지 살펴봅니다.

※ 선택 활동 예시: 학교 실정에 맞게 학생(모둠)별 선택 활동을 진행할 수 있습니다.

활동	직업 분야	8차시	9차시	10차시	15차시
활동 4	웹툰	택1	택1	택1	○
활동 5	작곡				○
활동 6	미술			택1	○
활동 7	금융	택1	택1		○
활동 8	언론			택1	○
활동 9	교육				○
활동 10	음식	택1	택1	택1	○
활동 11	제조				○
활동 12	의료		택1	택1	○
활동 13	미용				○

웹툰 분야

4 그림 솜씨 없어도 웹툰작가 될 수 있어!

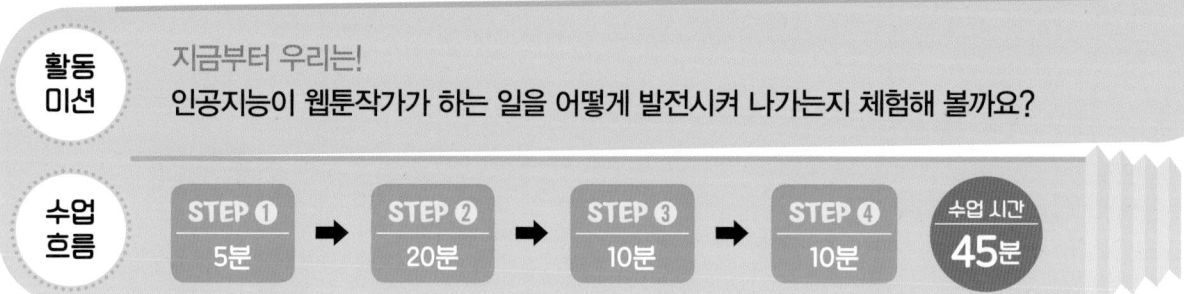

활동 미션
지금부터 우리는!
인공지능이 웹툰작가가 하는 일을 어떻게 발전시켜 나가는지 체험해 볼까요?

수업 흐름

| STEP ① 5분 | → | STEP ② 20분 | → | STEP ③ 10분 | → | STEP ④ 10분 | 수업 시간 45분 |

준비물 워크북, 필기도구, 스마트폰, 인터넷이 가능한 환경

STEP ① 5분 영상을 보고 웹툰 제작 과정과 웹툰작가의 자질을 살펴봅시다.

❶ '웹툰(만화)의 기획 및 제작 과정'을 정리한 표입니다. 빈칸을 채워 보세요.

1	2	3	4
☐☐☐ 작성하기	☐☐ 조사하기	☐☐ 그리기	완성된 웹툰(만화)을 출판사나 플랫폼 업체에 보내기

만화(웹툰) 기획부터 제작까지!!
▶ 03:08

❷ 웹툰작가(만화가)가 되려면 어떤 자질이 필요할까요?

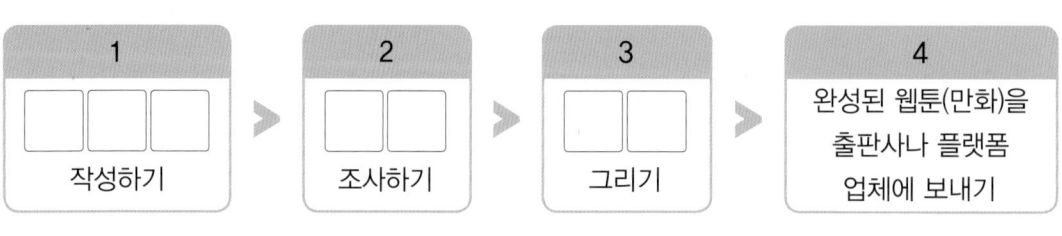

☐☐을 그리는 실력

+

☐☐☐☐ 소양

+

웹툰(만화)을 ☐☐☐☐ 마음

'웹툰 제작 애플리케이션'을 활용하여 웹툰을 제작해 봅시다.

❶ '잇셀프' 애플리케이션을 설치하고 탐색해 보세요.

1. 스마트폰에 '잇셀프' 애플리케이션을 설치해 보세요.

2. 인물 캐릭터를 선택해 보세요.

3. 말풍선에 글을 넣고, AI 버튼을 눌러 보세요.

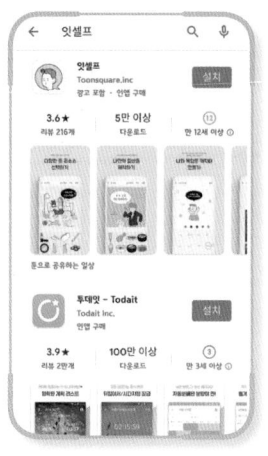

❷ 모둠원이 함께 6컷 웹툰의 스토리보드를 작성해 보세요.

잇셀프 사용법

스토리보드 제목 :

#1	#2
#3	#4
#5	#6

❸ '잇셀프' 애플리케이션으로 웹툰을 제작해 보세요.

❹ 완성된 웹툰을 SNS에 올려 학급 친구들과 공유해 보세요.

STEP ③
10분

웹툰 회사에 필요한 인공지능 프로그램을 제안해 봅시다.

❶ 다음은 웹툰 회사의 조직도입니다. 자신의 흥미와 적성을 고려하여 모둠원 각자 팀을 하나씩 선택해 보세요.

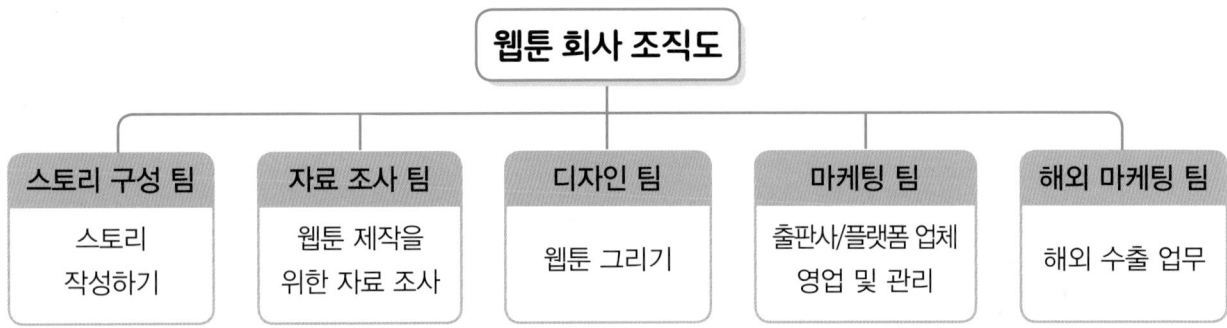

웹툰 회사 조직도

스토리 구성 팀	자료 조사 팀	디자인 팀	마케팅 팀	해외 마케팅 팀
스토리 작성하기	웹툰 제작을 위한 자료 조사	웹툰 그리기	출판사/플랫폼 업체 영업 및 관리	해외 수출 업무

❷ 내가 소속한 팀에 필요한 인공지능 프로그램을 생각해서 제안서를 작성해 보세요.

내가 소속한 팀	
업무에 필요한 인공지능 프로그램	

❸ 우리 모둠의 아이디어를 종합하여 발표할 내용을 정리해 보세요.

❶ 각 모둠의 발표를 듣고 모둠별 평가를 해 보세요.

모둠과 분야	발표 내용 메모	발표 내용			발표 태도		
		상	중	하	상	중	하

❷ 최우수 팀을 선정하고 선정한 이유를 작성해 보세요.

우리 모둠에서는 _____ 모둠, _____ 분야의 발표를 우수 사례로 선정합니다.

그 이유는 _____

_____ (이)라고 생각하기 때문입니다.

⭐ 활동 4를 마무리하며 나의 학업 성취도를 평가해 보세요.

- ♡ 수업에서 가장 흥미 있었던 점 ＞
- ✓ 수업을 통해 새롭게 알게 된 점 ＞
- ➕ 수업을 통해 더 알고 싶어진 점 ＞

작곡 분야

5 음악 작업실의 감성적인 인공지능

활동 미션 지금부터 우리는!
작곡 작업에 인공지능 기술을 어떻게 활용할 수 있는지 생각해 볼까요?

수업 흐름

| STEP ❶ 5분 | → | STEP ❷ 10분 | → | STEP ❸ 20분 | → | STEP ❹ 10분 | 수업 시간 45분 |

준비물 워크북, 필기도구, 스마트폰, 인터넷이 가능한 환경

STEP ❶ 5분 영상을 보고 작곡가가 하는 일을 알아봅시다.

○ 작곡 과정은 어떻게 진행되는지 빈칸을 채워 보세요.

 작곡가 ▶ 03:49
시청할 부분
01:15~04:50

제작 의뢰
▼

1단계 ──── □□□ 작업 ──── 드럼(리듬)이나 피아노(멜로디)로 기본적인 음을 잡는다.

2단계 ──── □□□ 작업 ──── 완성된 음 위에 가사를 얹을 부분만 골라 목소리를 입힌다.

3단계 ──── □□ 작업 ──── 최종 결정된 멜로디에 피아노, 기타, 박수 소리 등 콘셉트에 맞추어 다른 악기 소리를 얹는다.

4단계 ──── □□□□□□ 작업 ──── 완성된 곡의 콘셉트와 잘 어울리는 가이드 보컬을 섭외한다.

제작 완료

인공지능이 작곡한 노래를 감상해 봅시다.

❶ 인공지능 작곡가(인공지능 작곡 프로그램)가 만든 음악을 들어 보세요.

- **제목**: 아이즈 온 유(Eyes on you)
- **작사**: 하연
- **작곡**: 인공지능 작곡가 누보(NUVO)
- **편곡**: 인공지능 편곡자 누보(NUVO)
- **노래**: 하연

뮤직 비디오
▶03:47

❷ 노래를 들으면서 느낀 점을 적어 보세요.

❸ 인공지능 작곡 프로그램으로 어떻게 곡을 만들었을지 과정을 생각하여 적어 보세요.

THE RECORDING STUDIO

인공지능 작곡 애플리케이션으로 곡을 만들어 봅시다.

❶ 'HummingGo' 애플리케이션을 설치하고 탐색해 보세요.

1. 스마트폰에 'HummingGo' 애플리케이션을 설치해 보세요.

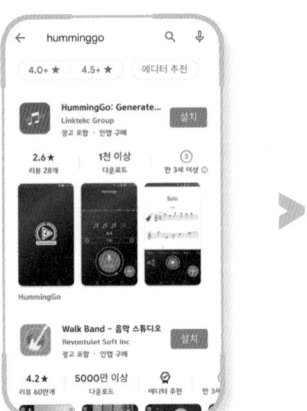

2. 애플리케이션을 실행한 후 Sign Up을 눌러 회원 가입을 하세요.

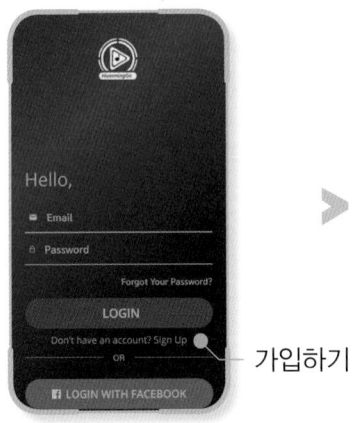

가입하기

3. 가입 정보를 입력하고 REGISTER 버튼을 눌러 보세요.

Tip
이름(Name)은 알파벳으로 입력, 전화번호는 정확하지 않아도 돼요.

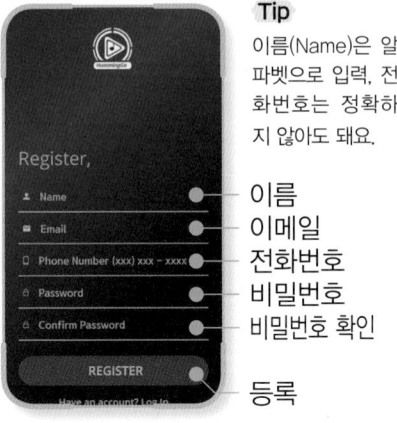

이름
이메일
전화번호
비밀번호
비밀번호 확인

등록

4. 이메일(Email)과 비밀번호(Password)를 입력하여 로그인을 하세요.

이메일
비밀번호

로그인

5. 마이크 버튼을 누르고 허밍으로 멜로디를 흥얼거려 보세요

녹음하기

곡 공유하기

5. 장르를 선택하고 재생 버튼을 눌러 곡을 들어 보세요.

장르 선택하기

곡 듣기

❷ 만든 곡을 모둠원과 공유해 보세요.

❸ 작곡가가 'HummingGo' 애플리케이션을 활용하면 어떤 편리한 점이 있을까요?

❶ 각 모둠의 발표를 듣고 모둠별 평가를 해 보세요.

모둠과 분야	발표 내용 메모	발표 내용			발표 태도		
		상	중	하	상	중	하

❷ 최우수 팀을 선정하고 선정한 이유를 작성해 보세요.

우리 모둠에서는 [　　　　] 모둠, [　　　　] 분야의 발표를 우수 사례로 선정합니다.

그 이유는 _____

_____ (이)라고 생각하기 때문입니다.

☆ 활동 5를 마무리하며 나의 학업 성취도를 평가해 보세요.

- ♡ 수업에서 가장 흥미 있었던 점 〉 _____
- ✔ 수업을 통해 새롭게 알게 된 점 〉 _____
- ➕ 수업을 통해 더 알고 싶어진 점 〉 _____

미술 분야

6 인공지능아, 그림 좀 대신 그려줘!

활동 미션
지금부터 우리는!
인공지능 기술이 미술 분야에 어떤 영향을 미칠지 생각해 볼까요?

수업 흐름

| STEP ❶ 5분 | → | STEP ❷ 15분 | → | STEP ❸ 15분 | → | STEP ❹ 10분 | 수업 시간 45분 |

준비물 워크북, 필기도구, 스마트폰, 인터넷이 가능한 환경

STEP ❶ 5분   영상을 보고 그림을 그리는 인공지능에 대해 알아봅시다.

○ 영상의 내용을 [보기]에 나와 있는 세 가지 요소를 넣어서 정리해 보세요.

넥스트 렘브란트
▶01:23

보기

인공지능 프로그램

렘브란트의 그림

3D 프린터

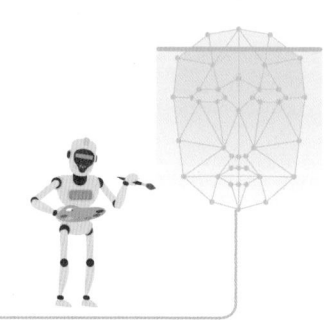

애플리케이션을 활용하여 내 초상화를 만들어 봅시다.

❶ 스마트폰에 'Google Arts & Culture' 애플리케이션을 설치하고 탐색해 보세요.

Arts & Culture
사용법
▶ 04:08

1. 'Google Arts & Culture' 애플리케이션을 설치해 보세요.

2. 'Google 번역'을 누르고 카메라 버튼을 눌러 기능을 탐색해 보세요.

❷ Art Selfie 메뉴에서 나와 닮은 초상화를 찾아보세요.

1. Art Selfie 메뉴를 선택해 보세요.

2. 원하는 표정을 지으면서 사진을 찍어 보세요.

3. 마음에 드는 인물화를 저장해 보세요.

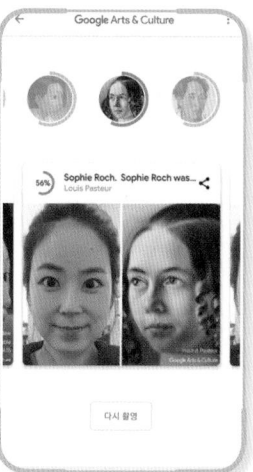

❸ Art Selfie 메뉴에서 인공지능은 어떤 역할을 할까요?

인공지능 기술이 미술 분야에 끼칠 영향을 생각해 봅시다.

카메라(기술)가 화가(직업인)에게 미친 영향

카메라 발명 전: 자신의 초상화를 갖고 싶은 사람은 화가에게 주문했어요.

카메라 발명 초기: 카메라가 사람의 얼굴을 빠르게 사실적으로 재현하자 사진을 찍는 사람이 많아지면서 화가의 일자리가 위협받았어요.

그 후: 화가들은 카메라가 만들어낼 수 없는 자유로운 그림을 그렸고 그림과 사진이 공존하며 발달했어요.

❶ 카메라의 발명으로 초상화가들에게 닥친 어려움과 어려움을 극복한 방법은 무엇인가요?

어려움	어려움을 극복한 방법

❷ 인공지능 기술이 더 발달하여 인공지능 화가가 자유롭게 그림을 그릴 수 있게 된다면, 미술 분야에 어떤 어려움이 발생할까요? 또 어려움을 극복할 수 있는 방법으로 무엇이 있을까요?

발생할 수 있는 어려움	극복 방법

❸ 모둠원과 인공지능 화가로 인한 어려움과 극복 방법을 논의한 후 발표할 내용을 정리해 보세요.

STEP 3의 활동을 정리하여 발표하는 시간을 가져봅시다.

❶ 각 모둠의 발표를 듣고 모둠별 평가를 해 보세요.

모둠과 분야		발표 내용 메모	발표 내용			발표 태도		
			상	중	하	상	중	하

❷ 최우수 팀을 선정하고 선정한 이유를 작성해 보세요.

우리 모둠에서는 ☐☐☐☐ 모둠, ☐☐☐☐ 분야의 발표를 우수 사례로 선정합니다.

그 이유는 _____

_____ (이)라고 생각하기 때문입니다.

⭐ 활동 6을 마무리하며 나의 학업 성취도를 평가해 보세요.

- ♥ 수업에서 가장 흥미 있었던 점 ＞
- ✅ 수업을 통해 새롭게 알게 된 점 ＞
- ➕ 수업을 통해 더 알고 싶어진 점 ＞

금융 분야

7 워렌 버핏 부럽지 않은 똑똑한 인공지능

활동 미션
지금부터 우리는!
금융 분야에서 인공지능 기술을 어떻게 활용할 수 있는지 생각해 볼까요?

수업 흐름

STEP ❶ 10분 ➡ STEP ❷ 10분 ➡ STEP ❸ 15분 ➡ STEP ❹ 10분 · 수업 시간 45분

준비물 워크북, 필기도구, 스마트폰, 인터넷이 가능한 환경

STEP ❶ 10분 영상을 보고 금융 분야의 직업인이 하는 일을 알아봅시다.

❶ 다음은 어떤 직업인에 대한 설명일까요?

금융 투자 회사
▶08:11

고객에게 투자 방향을 제시하는 사람

기업에서 필요한 자금을 조달하도록 돕는 사람

고객의 자산을 늘려주는 역할을 하는 사람

고객의 돈을 투자해서 수익을 내는 사람

❷ 위의 직업인이 업무를 수행하기 위해 공통적으로 하는 일입니다. 빈칸에 들어갈 알맞은 말은 무엇일까요?

금융 시장 및 금융 상품에 대한 정보 ▢▢ ≫ 수집한 정보 ▢▢ ≫ ▢▢▢▢ 세우기

금융 분야에서 인공지능 기술을 활용하는 사례를 살펴봅시다.

❶ '사람과 인공지능의 주식 매매 대결' 영상을 시청해 보세요.

> **사람과 인공지능의 주식 매매 대결**
> - 누가 가장 낮은 가격에 주식을 매수하는가? -

AXE 챌린지
▶06:53

- **대회 명**: AXE Challenge 2018
- **미　　션**: 5억 원으로 5일간 같은 수량과 같은 종목의 주식을 가장 낮은 가격으로 매수하기
- **참가 팀**: 개인, 기관 소속 딜러, 인공지능 딜러(AXE)
- **결　　과**: ▩1등▩ 인공지능 딜러(AXE)
  　　　　▩2등▩ 개인
  　　　　▩3등▩ 기관 소속 딜러

❷ 주식 매매 대결에서 인공지능 프로그램이 사람을 이긴 이유는 무엇일까요?

❸ 금융 분야에서 인공지능보다 사람이 더 잘할 수 있는 일이 무엇인지 적고, 모둠원과 토론해 보세요.

STEP 3
15분

금융 분야에서 인공지능 기술을 어떻게 활용할 수 있는지 생각해 봅시다.

❶ 다음 '금융 분야 직업' 중에서 모둠원이 서로 다른 직업인을 선택해 보세요.

금융 분야 직업 ☐ 외환 딜러 ☐ 투자 분석가 (애널리스트) ☐ 기업 인수 합병 전문가	
☐ 펀드 매니저 ☐ 증권 중개인 ☐ 금융 상품 개발자	

❷ [워크넷 직업 정보 찾기]에서 내가 선택한 직업인이 하는 일을 조사해 보세요.

워크넷
직업 정보 찾기
＞
키워드 검색　찾고자하는 직종명을 입력해 보세요.　검색

직업인이 하는 일	

❸ 내가 선택한 직업인은 업무에서 인공지능 기술을 어떻게 활용할 수 있을까요?

인공지능 활용 방법	

❹ 모둠원의 의견을 종합하여 발표할 내용을 정리해 보세요.

STEP ④
10분

STEP 3의 활동을 정리하여 발표하는 시간을 가져봅시다.

❶ 각 모둠의 발표를 듣고 모둠별 평가를 해 보세요.

모둠과 분야	발표 내용 메모	발표 내용			발표 태도		
		상	중	하	상	중	하

❷ 최우수 팀을 선정하고 선정한 이유를 작성해 보세요.

우리 모둠에서는 ☐☐☐☐☐ 모둠, ☐☐☐☐☐ 분야의 발표를 우수 사례로 선정합니다.

그 이유는 _____

_____ (이)라고 생각하기 때문입니다.

⊕ 활동 7을 마무리하며 나의 학업 성취도를 평가해 보세요.

♥ 수업에서 가장
흥미 있었던 점 〉

✔ 수업을 통해
새롭게 알게 된 점 〉

➕ 수업을 통해
더 알고 싶어진 점 〉

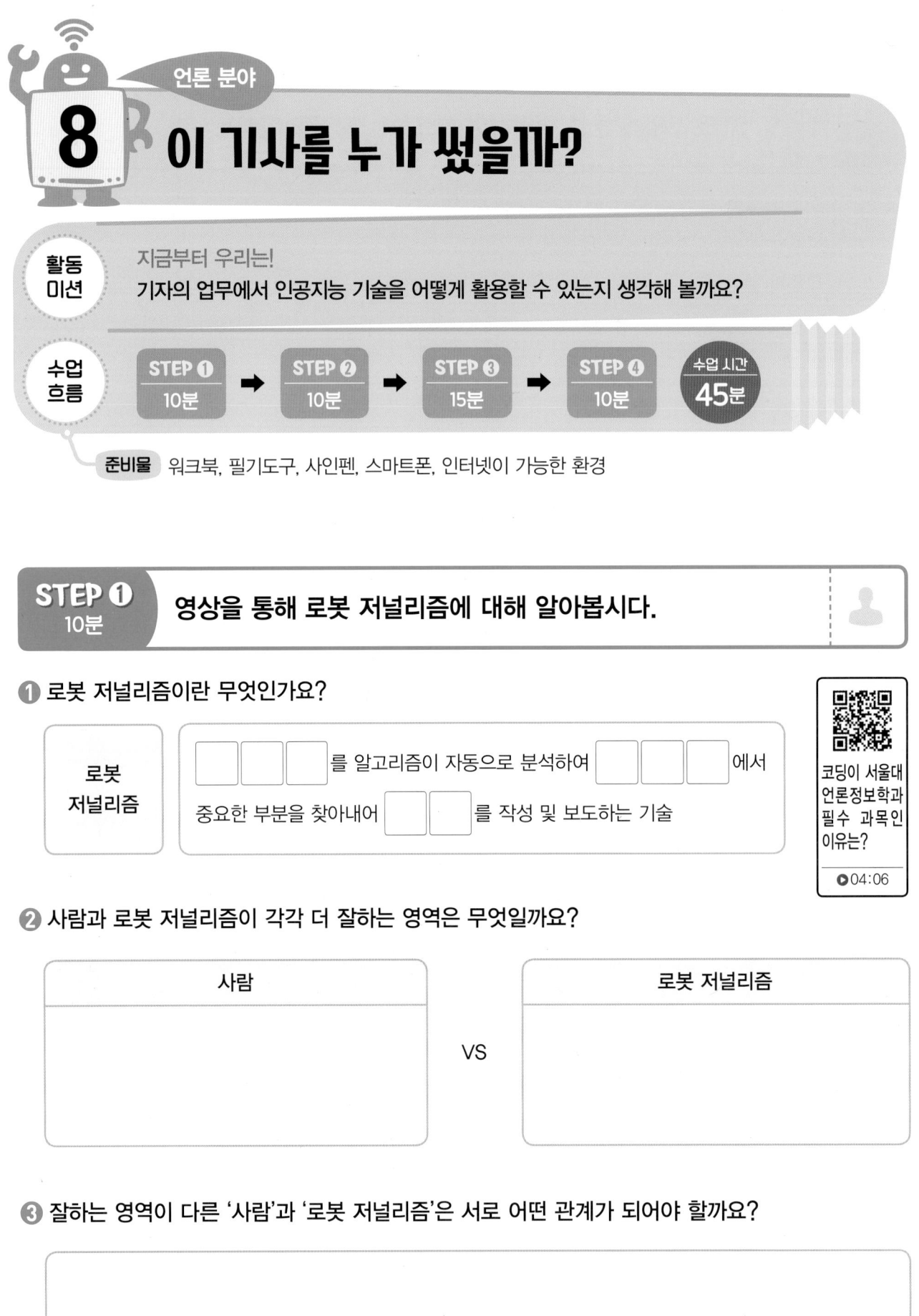

언론 분야

8 이 기사를 누가 썼을까?

활동 미션
지금부터 우리는!
기자의 업무에서 인공지능 기술을 어떻게 활용할 수 있는지 생각해 볼까요?

수업 흐름
STEP ❶ 10분 → STEP ❷ 10분 → STEP ❸ 15분 → STEP ❹ 10분 수업 시간 45분

준비물 워크북, 필기도구, 사인펜, 스마트폰, 인터넷이 가능한 환경

STEP ❶ 10분 영상을 통해 로봇 저널리즘에 대해 알아봅시다.

❶ 로봇 저널리즘이란 무엇인가요?

| 로봇 저널리즘 | ☐☐☐ 를 알고리즘이 자동으로 분석하여 ☐☐☐에서 중요한 부분을 찾아내어 ☐☐를 작성 및 보도하는 기술 |

코딩이 서울대 언론정보학과 필수 과목인 이유는?
▶ 04:06

❷ 사람과 로봇 저널리즘이 각각 더 잘하는 영역은 무엇일까요?

사람		로봇 저널리즘
	VS	

❸ 잘하는 영역이 다른 '사람'과 '로봇 저널리즘'은 서로 어떤 관계가 되어야 할까요?

STEP ❷
10분

근무 일지를 통해 기자의 직무를 확인해 봅시다.

❶ 네 가지 색의 사인펜을 준비해 주세요.

❷ 일정에 제시된 내용이 기자의 주요 직무 중 어떤 직무에 속하는지 선으로 이어 보세요.

Tip 직무별로 다른 색 사인펜을 사용하면 구분이 명확해집니다.

2년 차 사회부 기자 A 씨의 근무 일지

일정		기자의 주요 직무
오전 04:00 출근		
오전 04:10 조간 신문 모니터링	●	**취재 및 자료의 수집**
오전 05:00 기상청 날씨 정보 체크	●	
오전 05:30 아침 날씨 기사 작성	●	
오전 06:00 아침 날씨 기사 보도	●	
오전 06:30 기사 아이템 회의 및 당일 취재 일정 체크	●	**자료 분석**
오전 08:00 (외근) 취재 및 인터뷰	●	
오후 03:00 취재 및 인터뷰 자료 분석	●	
오후 04:00 오후 마감 기사 작성	●	**편집 (기사 작성)**
오후 04:30 오후 기사 보도	●	
오후 05:00 오후 기상청 날씨 정보 체크	●	
오후 05:30 저녁 날씨 기사 작성	●	**보도**
오후 06:00 저녁 날씨 기사 보도	●	
오후 06:30 퇴근		

STEP ③
15분

기자는 인공지능을 어떻게 활용할 수 있을지 생각해 봅시다.

❶ '인공지능 저널리즘의 기사 작성 및 보도 과정'입니다.

데이터 수집 ▶ 데이터 분석 ▶ 기삿거리 추출 ▶ 기사 작성 ▶ 보도

❷ STEP 2의 기자 A 씨가 인공지능 프로그램을 어떻게 활용하면 좋을지 적어 보세요.

아침 날씨
기사 작성
▶

예시 날씨 기사는 비교적 짧고 간단한 기사이다. 그러나 날씨는 시시각각 달라지기 때문에 항상 최신 정보를 30분 이상 살펴보고 기사를 작성해야만 한다. 그런데 최신 날씨 정보를 반영하여 기사를 작성하는 인공지능 프로그램을 도입한 후 직접 기사를 작성하지 않는다. 인공지능이 작성한 기사를 검토한 후 보도만 하면 되므로 업무 소요 시간이 50% 이상 단축되었다.

모둠원 이름	사회부 기자 A 씨의 인공지능 활용 방법
나	

❶ 각 모둠의 발표를 듣고 모둠별 평가를 해 보세요.

모둠과 분야	발표 내용 메모	발표 내용			발표 태도		
		상	중	하	상	중	하

❷ 최우수 팀을 선정하고 선정한 이유를 작성해 보세요.

우리 모둠에서는 [   ] 모둠, [   ] 분야의 발표를 우수 사례로 선정합니다.

그 이유는 _____

_____ (이)라고 생각하기 때문입니다.

☆ 활동 8을 마무리하며 나의 학업 성취도를 평가해 보세요.

♥ 수업에서 가장
흥미 있었던 점 〉

✔ 수업을 통해
새롭게 알게 된 점 〉

➕ 수업을 통해
더 알고 싶어진 점 〉

교육 분야

9 인공지능이 학생을 가르칠 수 있을까?

활동 미션

지금부터 우리는!
인공지능 기술의 발달로 교사의 역할이 어떻게 달라질지 생각해 볼까요?

수업 흐름

STEP ❶ 7분 → STEP ❷ 13분 → STEP ❸ 15분 → STEP ❹ 10분 / 수업 시간 45분

준비물 워크북, 필기도구, 스마트폰, 인터넷이 가능한 환경

STEP ❶ 7분 영상을 보고 옛 서당의 훈장이 하는 일을 생각해 봅시다.

◯ 서당에서 배우는 것은 무엇이었는지 빈칸을 채워 보세요.

배움의 놀이터
▶ 05:21

서당의 특별한 놀이 학습

승경도 놀이

벼슬 체험 놀이를 통해

☐☐ 의 종류와 역할을

익히고 ☐☐ 시험에 대한

학구열 고취

원놀이

☐☐ 과 백성 역할 놀이를

통해 옳고 그름에 대한 도덕적

☐☐ 능력 향상

고을 모둠 놀이

나라의 ☐☐ 을 습득하고,

목민관으로서의 자세와

도전정신을 고취

화승작 놀이, 각촉부시 놀이

짧은 시간 동안 글을 짓는 연습

을 통해 순발력 향상과

☐☐☐ 실력 배양

김홍도의 「서당」

서당은 조선시대 초등 교육 기관으로, 훈장님이 아이들에게 글을 읽고 쓰는 법(능력)과 예의범절 및 도리를 가르쳤다.

STEP ②
13분

훈장과 비교해서 오늘날 교사의 역할은 어떻게 달라졌는지 생각해 봅시다.

오늘날에는 유치원부터 대학교까지 학교급에 따라 교육 목표와 교사의 직무가 각각 다릅니다.
* 직무란 담당하여 맡은 업무를 말함

❶ [워크넷 직업 정보 찾기]에 접속하여 학교급별 교사의 직무를 검색하여 핵심 내용을 적어 보세요.

워크넷
직업 정보 찾기

키워드 검색 | 찾고자하는 직종명을 입력해 보세요. | 검색

유치원 교사	초등학교 교사

중·고등학교 교사	대학 교수

Tip '중·고등학교 교사'는 '고등학교 교사'로 검색어를 입력하세요.

❷ 영상을 보고 인공지능 교사가 어떤 역할을 하는지 적어 보세요.

인공지능 선생님
▶ 02:24

STEP ③ 15분   '미래에 인간 교사는 인공지능 교사로 대체될까?'란 주제로 토론해 봅시다.

❶ **역할 분담과 자리 배치**

1. 모둠원이 협의하여 역할을 정해 보세요.

> Ⓐ **토론자**: 미래에 인간 교사는 인공지능 교사로 대체된다는 입장
> Ⓑ **토론자**: 미래에 인간 교사는 인공지능 교사로 대체되지 않는다는 입장
> **판정관**: Ⓐ 토론자와 Ⓑ 토론자의 발언을 듣고, 더 설득력 있는 주장을 선정한다.

2. 판정관(사람/팀)을 중심으로 Ⓐ 토론자(팀)와 Ⓑ 토론자(팀)가 마주 앉아 주세요.

❷ **1차 발언하기**

1. 토론자(팀)는 근거와 이유를 생각하며 주장할 내용을 정리해 두세요.

2. Ⓐ 토론자(팀)와 Ⓑ 토론자(팀)는 번갈아가며 1분 동안 판정관을 보고 발언해 주세요.

❸ **2차 발언하기**

1. 1차 발언 후 상대 토론자의 주장에 반박하는 근거와 이유를 정리해 두세요.

2. Ⓐ 토론자(팀)와 Ⓑ 토론자(팀)는 번갈아가며 1분 동안 판정관을 보고 2차 발언해 주세요.

토론 주제 미래에 인간 교사는 인공지능 교사로 대체될까?

	Ⓐ 토론자 대체될 것이다.	대체되지 않을 것이다. Ⓑ 토론자
1차 발언 (1분)		
2차 발언 (1분)		

❹ 발언이 끝나면 판정관은 더 설득력 있는 토론자(팀)를 공정하게 선정해 주세요.

판정관의 판정 결과	

STEP ❹ 10분 | **STEP 3의 활동을 정리하여 발표하는 시간을 가져봅시다.**

❶ 각 모둠의 발표를 듣고 모둠별 평가를 해 보세요.

모둠과 분야	발표 내용 메모	발표 내용			발표 태도		
		상	중	하	상	중	하

❷ 최우수 팀을 선정하고 선정한 이유를 작성해 보세요.

우리 모둠에서는 ☐ 모둠, ☐ 분야의 발표를 우수 사례로 선정합니다.

그 이유는 _____

_____ (이)라고 생각하기 때문입니다.

⭐ 활동 9를 마무리하며 나의 학업 성취도를 평가해 보세요.

- ♥ 수업에서 가장 흥미 있었던 점 〉 _____
- ✔ 수업을 통해 새롭게 알게 된 점 〉 _____
- ➕ 수업을 통해 더 알고 싶어진 점 〉 _____

10 인공지능 쉐프의 레시피를 따라해 볼까?

활동 미션

지금부터 우리는!

음식 분야에서 인공지능 기술을 어떻게 활용할 수 있는지 생각해 볼까요?

수업 흐름

STEP ❶ 10분 ➡ STEP ❷ 15분 ➡ STEP ❸ 10분 ➡ STEP ❹ 10분   수업 시간 **45분**

준비물 워크북, 필기도구, 사인펜, 색연필, 스마트폰, 인터넷이 가능한 환경

STEP ❶ 10분   영상을 보고 음식 분야의 직업인이 하는 일을 알아봅시다.

❶ 외식메뉴개발자가 근무하는 외식 연구개발(R&D) 팀이 하는 일은 무엇인가요?

외식 연구개발(R&D) 팀 ▷
- 외식 [ ][ ] 개발
- 외식 메뉴 관리
- 사내 직원 교육

외식메뉴개발자
▶ 08:05

❷ 외식 메뉴가 하나 탄생하기까지의 과정은 어떻게 되나요?

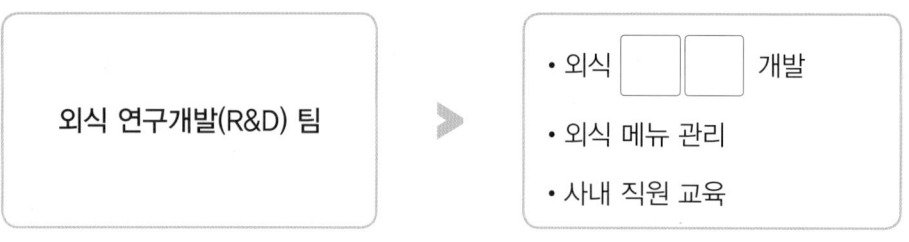

02 [ ][ ] 조사

04 내부 [ ][ ][ ]

05 [ ][ ] 결정

06 제품 교육

01 메뉴 기획

03 [ ][ ] 개발

07 신제품 출시

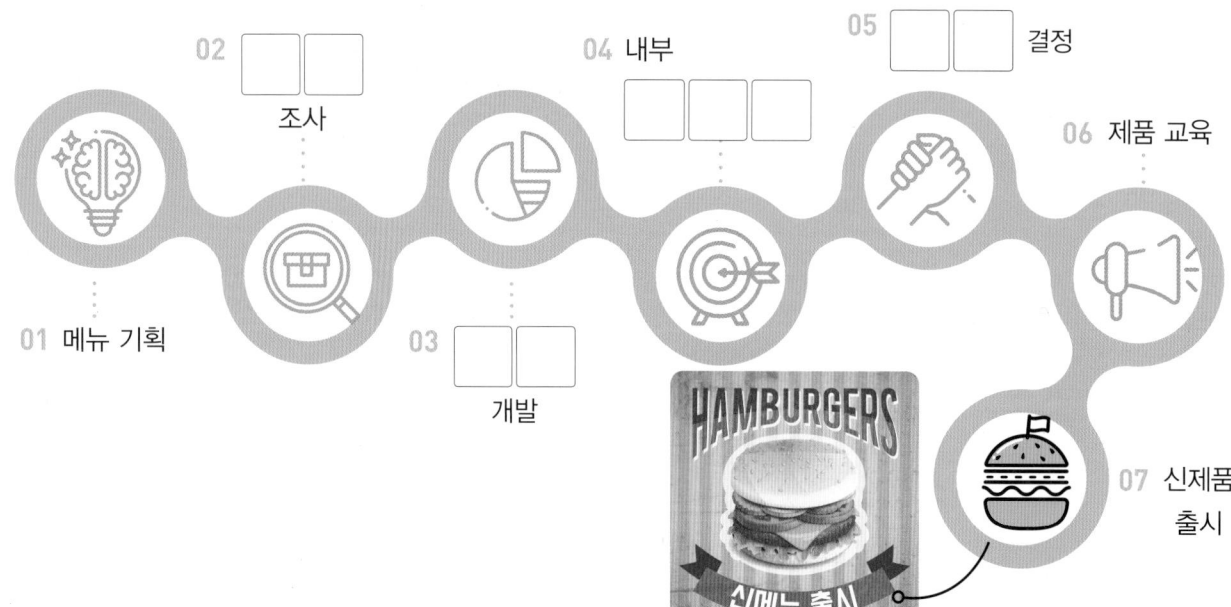

❶ 내가 햄버거 프랜차이즈 회사에 근무하는 외식메뉴개발자라고 가정해 보세요.

❷ 다음에 제시되어 있는 재료를 선택하여 햄버거 신제품을 만들어 그림으로 완성해 보세요.

❸ 모둠원과 햄버거 신제품의 디자인과 상품성에 대해 품평회를 해 보세요.

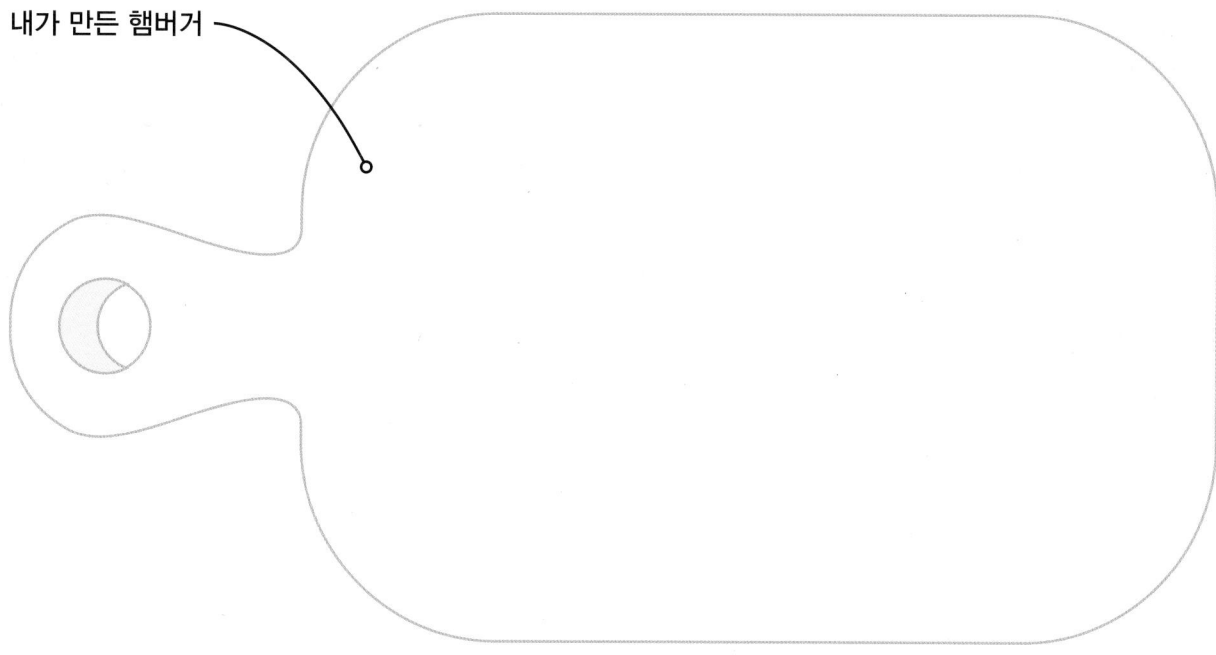

햄버거에 넣을 수 있는 재료	양송이 버섯	파프리카	치즈	토마토	상추	소시지	머스타드 소스
	빵	베이컨	소고기 패티	적양파	파인애플	마요네즈	케첩

내가 만든 햄버거 ─

❹ 영상에서 외식메뉴개발자는 인공지능 프로그램을 어떻게 활용했나요?

조리법 개발
돕는 인공지능

▶02:22

인공지능 프로그램 활용 방법

STEP ❸ 10분 음식 분야의 직업인은 인공지능을 어떻게 활용할 수 있는지 생각해 봅시다.

레스토랑 직업인

쇼콜라티에 | 요리연구가 | 푸드 스타일리스트 | 요리사 | 지배인

❶ 위의 레스토랑 직업인 중, 자신의 흥미와 적성을 고려하여 모둠원 각자 직업인 한 명을 선택해 보세요.

내가 선택한 직업인	

❷ 내가 선택한 직업인이 하는 일을 조사하고, 업무에서 인공지능을 어떻게 활용할 수 있을지 생각하여 적어 보세요.

직업인이 하는 일	
업무에서 인공지능 기술 활용 방법	

❸ 모둠원의 의견을 정리하여 발표할 내용을 적어 보세요.

❶ 각 모둠의 발표를 듣고 모둠별 평가를 해 보세요.

모둠과 분야	발표 내용 메모	발표 내용			발표 태도		
		상	중	하	상	중	하

❷ 최우수 팀을 선정하고 선정한 이유를 작성해 보세요.

우리 모둠에서는 [   ] 모둠, [   ] 분야의 발표를 우수 사례로 선정합니다.

그 이유는 _____

_____ (이)라고 생각하기 때문입니다.

✪ 활동 10을 마무리하며 나의 학업 성취도를 평가해 보세요.

♡ 수업에서 가장
흥미 있었던 점 ＞

✓ 수업을 통해
새롭게 알게 된 점 ＞

➕ 수업을 통해
더 알고 싶어진 점 ＞

제조 분야

11 제조 공장에서 만나는 날쌘 인공지능

활동 미션

지금부터 우리는!
제조업 분야에서 인공지능 기술을 어떻게 활용할 수 있는지 생각해 볼까요?

수업 흐름

| STEP ❶ 10분 | → | STEP ❷ 10분 | → | STEP ❸ 15분 | → | STEP ❹ 10분 | 수업 시간 45분 |

준비물 워크북, 필기도구, 스마트폰, 인터넷이 가능한 환경

STEP ❶ 10분 영상을 보고 제조업 분야의 변천사를 살펴봅시다.

○ 1차에서 4차까지의 산업혁명으로 일어난 변화가 무엇인지 간단히 적어 보세요.

4차 산업
혁명이란?
▶02:12

1차 산업혁명

2차 산업혁명

3차 산업혁명

4차 산업혁명

제조업 분야의 공장! 어떻게 변화했는지 조사해 봅시다.

❶ 영상을 보고, 인공지능 기술 도입으로 제조업 분야의 공장이 어떻게 변화했는지 조사해 보세요.

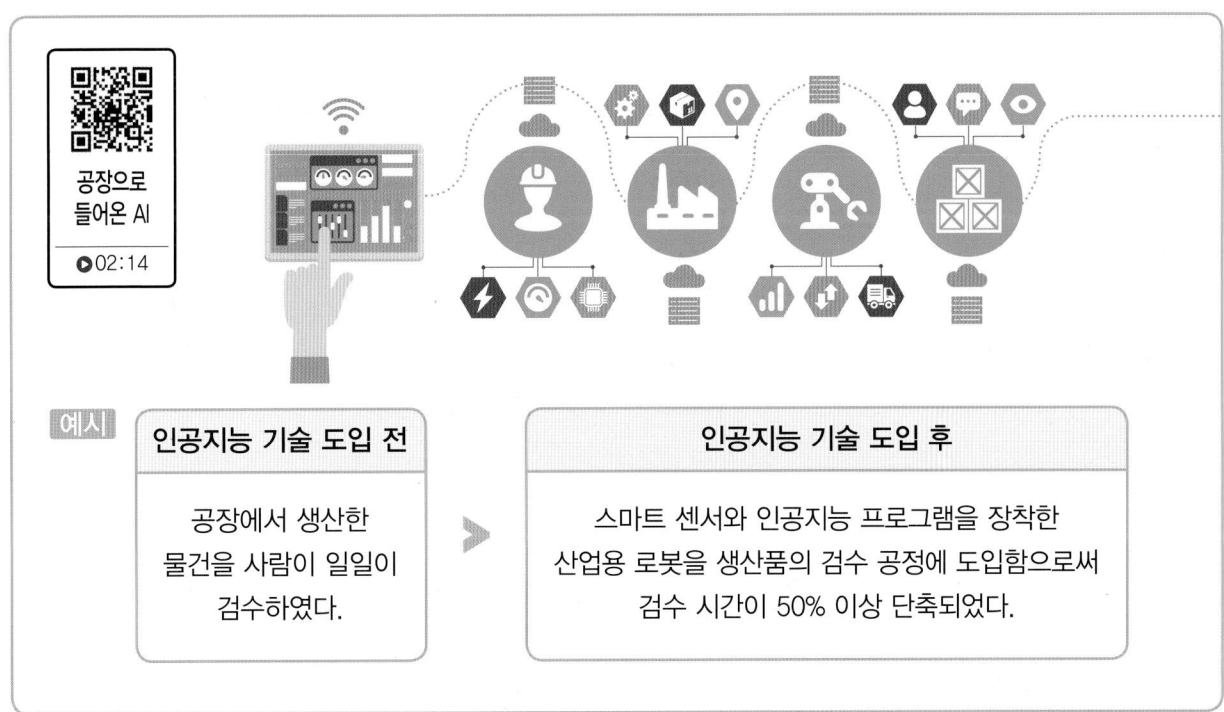

공장으로 들어온 AI
▶02:14

예시

인공지능 기술 도입 전	인공지능 기술 도입 후
공장에서 생산한 물건을 사람이 일일이 검수하였다.	스마트 센서와 인공지능 프로그램을 장착한 산업용 로봇을 생산품의 검수 공정에 도입함으로써 검수 시간이 50% 이상 단축되었다.

제조업 분야 공장의 변화상

❷ 조사한 내용을 모둠원과 이야기해 보세요.

제조업 분야에 활용될 수 있는 인공지능 기술을 조사해 봅시다.

제조업: 원료를 가공하여 새로운 제품을 생산하는 일

예시

식료품 제조업	의복 제조업	가구 제조업	의약품 제조업	화장품 제조업
플라스틱 제품 제조업	컴퓨터 제조업	전기 장비 제조업	자동차 제조업	선박 제조업
항공기 제조업	반도체 제조업	종이 제조업	출판업	석유 제조업

Tip 제조업은 생산하는 제품의 종류에 따라 다양한 분야로 나눌 수 있습니다.

❶ 모둠원과 서로 다른 제조업 분야를 선택해 보세요.

내가 선택한 제조업 분야	

❷ 선택한 제조업 분야에서 인공지능 기술을 어떻게 활용하고 있는지 조사하여 적어 보세요.

인공지능 기술 활용 방법	

❸ 모둠원이 조사한 내용을 정리하여 발표할 내용을 작성해 보세요.

STEP 3의 활동을 정리하여 발표하는 시간을 가져봅시다.

❶ 각 모둠의 발표를 듣고 모둠별 평가를 해 보세요.

모둠과 분야	발표 내용 메모	발표 내용			발표 태도		
		상	중	하	상	중	하

❷ 최우수 팀을 선정하고 선정한 이유를 작성해 보세요.

우리 모둠에서는 [   ] 모둠, [   ] 분야의 발표를 우수 사례로 선정합니다.

그 이유는 _____

_____ (이)라고 생각하기 때문입니다.

⭐ 활동 11을 마무리하며 나의 학업 성취도를 평가해 보세요.

❤ 수업에서 가장
흥미 있었던 점 〉

✔ 수업을 통해
새롭게 알게 된 점 〉

➕ 수업을 통해
더 알고 싶어진 점 〉

12 진료실에서 친절한 인공지능을 만나 봐~

활동 미션 지금부터 우리는!
의료 분야에서 인공지능 기술을 어떻게 활용할 수 있는지 생각해 볼까요?

수업 흐름

STEP ❶ 5분 → STEP ❷ 15분 → STEP ❸ 15분 → STEP ❹ 10분 → 수업 시간 **45분**

준비물 워크북, 필기도구, 스마트폰, 인터넷이 가능한 환경

STEP ❶ 5분 영상을 보고 과거와 현재의 의료 기관을 비교해 봅시다.

❶ 조선시대에는 어떠한 의료 기관들이 있었는지 빈칸을 채워 보세요.

조선시대
의료 기관
▶ 02:28

조선시대 의료 기관

□□□	왕실 전속 의료 기관
□□□	관리들의 진료 담당, 약재 제조 및 배급 담당
□□	백성들의 진료 담당, 의약 관리 및 의녀 양성
□□□	빈민의 구제 및 치료 담당, 무료로 병을 치료하고 약제를 나눠줌. 전염병 환자 격리 장소

❷ 조선시대 의료 기관과 현재의 병원은 어떤 부분에서 가장 다를까요?

오늘날 종합 병원의 진료 분야와 의사의 업무를 알아봅시다.

종합 병원 진료과

보기

진료과			
안과	비뇨의학과	산부인과	가정의학과
한방의학과	응급의학과	이비인후과	재활의학과
정신건강의학과	정형외과	피부과	신경과
치과	소아청소년과	성형외과	내과

오늘날의 종합 병원에는 환자의 질병에 따라 진료를 받을 수 있는 진료과가 분야별로 나뉘어 있습니다.

❶ 모둠원과 함께 관심 있는 진료과 세 가지를 선택하고, 각 진료과의 의사가 하는 일을 구체적으로 조사하여 적어 보세요.

진료과	의사가 하는 일

❷ 영상을 보고 인상 깊었던 내용을 적어 보세요.

전문의 뛰어넘는 AI
▶ 02:59

인상 깊었던 것

의료 분야에서 인공지능을 어떻게 활용할 수 있을지 생각해 봅시다.

❶ STEP 2에서 조사한 진료과 중 한 가지를 선택해 보세요.

❷ 선택한 진료과 의사가 진료를 수행할 때 어려운 점을 모둠원과 마인드맵으로 정리해 보세요.

_____ 진료과

의사가 겪는

어려움

❸ 모둠원과 함께 어려움을 개선할 수 있는 인공지능 프로그램을 생각하여 적어 보세요.

어려운 점	인공지능 프로그램 활용 방법

❹ 모둠원의 의견을 종합하여 발표할 내용을 정리해 보세요.

STEP 3의 활동을 정리하여 발표하는 시간을 가져봅시다.

❶ 각 모둠의 발표를 듣고 모둠별 평가를 해 보세요.

모둠과 분야	발표 내용 메모	발표 내용			발표 태도		
		상	중	하	상	중	하

❷ 최우수 팀을 선정하고 선정한 이유를 작성해 보세요.

우리 모둠에서는 [   ] 모둠, [   ] 분야의 발표를 우수 사례로 선정합니다.

그 이유는 _____

_____ (이)라고 생각하기 때문입니다.

⭐ 활동 12를 마무리하며 나의 학업 성취도를 평가해 보세요.

🤍 수업에서 가장
흥미 있었던 점 >

💙 수업을 통해
새롭게 알게 된 점 >

➕ 수업을 통해
더 알고 싶어진 점 >

13 아름다움을 계산하는 인공지능이 있다?

활동 미션

지금부터 우리는!

미용 분야에서 인공지능 기술을 어떻게 활용할 수 있는지 생각해 볼까요?

수업 흐름

STEP ❶ 5분 → STEP ❷ 15분 → STEP ❸ 15분 → STEP ❹ 10분 수업 시간 **45분**

준비물 워크북, 필기도구, 스마트폰, 인터넷이 가능한 환경

STEP ❶ 5분 영상을 보고 미용 분야의 직업인을 알아봅시다.

○ 메이크업 전공자는 어떤 직업을 가질 수 있는지 빈칸에 적어 보세요.

 메이크업 아티스트 ▶03:20

시청할 부분
08:50~12:15

메이크업
전공자
진출 분야

○ 코스메틱 브랜드 소속

○ 뷰티 샵 소속

○ 연극/뮤지컬 분야

○ 방송/광고 분야

○ 연예인 전속

❶ '메이크업 플러스' 애플리케이션을 설치하고 탐색해 보세요.

1. 스마트폰에 '메이크업 플러스' 애플
   리케이션을 설치해 보세요.

2. 다양한 기능을 탐색해 보세요.

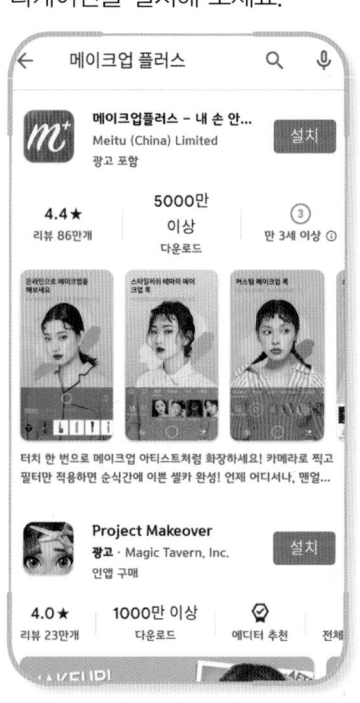

SELFIE
셀카를 찍어
가상 메이크업하기

COUNTER
시중에 판매 중인 화장품으로
가상 메이크업하기

TOUCH-UP
저장된 사진으로
가상 메이크업하기

TRENDING
애플리케이션 활용법

❷ 나와 친구의 사진으로 가상 메이크업을 체험해 보세요.

1. 내 사진을 선택하여 얼굴에 어울리는 가상 메이크업을 한 후 저장해 두세요.
2. 모둠원의 사진을 받아 모둠원의 얼굴에 어울리는 가상 메이크업을 한 후 저장해 두세요.
3. 모둠원과 가상 메이크업한 사진을 공유해 보세요.

❸ '메이크업 플러스' 애플리케이션에서 인공지능은 어떤 역할을 할까요?

인공지능 기술이 탑재된 스마트 거울을 생각해 봅시다.

'스마트 거울'에 대한 설명

이 세상에서 제일 아름다운 사람은 백설공주입니다.

『백설공주』에 나오는 요술 거울

당신의 피부 나이는 36세이며, A 사의 화장품을 추천해 드립니다.

인공지능 기술이 접목된 스마트 거울

거울은 물체의 모양을 그대로 비추어 보는 물건이지요. 거울이 말을 하고 질문에 대답을 하는 것은 동화 속에나 나오는 이야기였어요. 그런데 요즘은 스마트 거울에 카메라, 스피커, 인공지능 기술, 가상현실 기술 등이 장착되어 사람의 얼굴을 인식하고 화장품을 추천해 주기도 합니다.

스마트 거울
참고 자료

❶ 내가 만일 메이크업 아티스트라면 스마트 거울에 어떤 기능이 있으면 좋을지 생각하여 적어 보세요.

스마트 거울에 넣고 싶은 기능	

❷ 우리 모둠이 갖고 싶은 스마트 거울을 협의하여 적어 보세요.

우리 모둠이 갖고 싶은 스마트 거울	

STEP 3의 활동을 정리하여 발표하는 시간을 가져봅시다.

❶ 각 모둠의 발표를 듣고 모둠별 평가를 해 보세요.

모둠과 분야	발표 내용 메모	발표 내용			발표 태도		
		상	중	하	상	중	하

❷ 최우수 팀을 선정하고 선정한 이유를 작성해 보세요.

우리 모둠에서는 [   ] 모둠, [   ] 분야의 발표를 우수 사례로 선정합니다.

그 이유는 _____

_____ (이)라고 생각하기 때문입니다.

★ 활동 13을 마무리하며 나의 학업 성취도를 평가해 보세요.

♡ 수업에서 가장 흥미 있었던 점 〉

✓ 수업을 통해 새롭게 알게 된 점 〉

➕ 수업을 통해 더 알고 싶어진 점 〉

III

인공지능(AI)과 공존하다

인공지능은 우리에게 다가올 미래의 삶의 모습을 크게 바꾸어 놓을 것으로 예상됩니다.

이 단원에서는 인공지능과 함께 만들어갈 미래 마을을 상상해 보고, 우리가 상상하는 미래 마을에서 발생할 수 있는 윤리적 문제점을 고려해 봅니다. 이를 통해 학생들은 미래 사회에서 갖추어야 할 도덕적 가치 판단 능력을 기를 수 있습니다.

14 인공지능과 함께 만들어가는 미래 마을

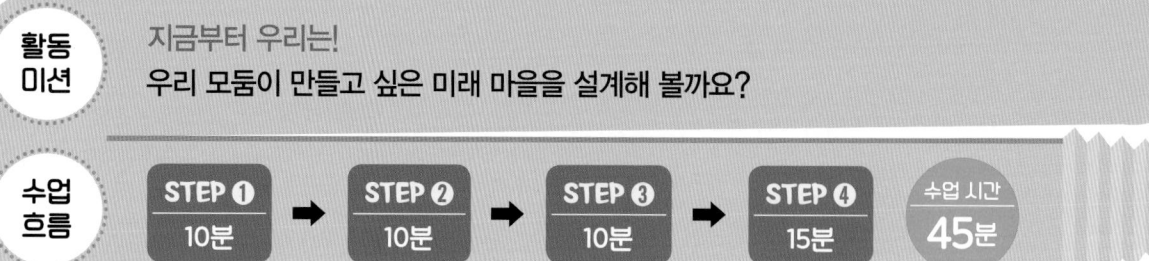

활동 미션
지금부터 우리는!
우리 모둠이 만들고 싶은 미래 마을을 설계해 볼까요?

수업 흐름
STEP ❶ 10분 → STEP ❷ 10분 → STEP ❸ 10분 → STEP ❹ 15분   수업 시간 **45분**

준비물 워크북, 필기도구, 사인펜, 스마트폰, 인터넷이 가능한 환경, 모둠 활동지(A3 용지), 가위, 풀, 도로 카드(부록), 기술 스티커(부록), 직업인 스티커(부록), 건물 스티커(부록)

STEP ❶ 10분   영상을 보고 현재와 미래 도시의 장단점을 생각해 봅시다.

❶ 현재의 도시와 미래의 도시를 비교하고, 미래 도시의 장점과 발생할 수 있는 문제점을 생각해 보세요.

도시 이후의 도시
▶05:18

현재의 도시

미래의 도시는?

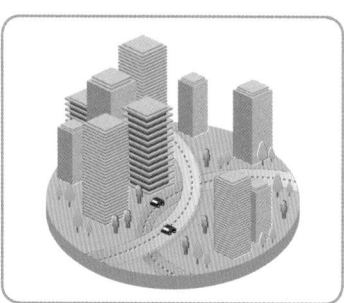

특징	교통수단의 발달로 도로를 따라 도시가 생김.	인공지능과 정보통신 기술이 발달함.
장점	편리함과 풍요를 누릴 수 있음.	?
문제점	교통 체증, 온실가스 발생, 집값 상승 등	?

❷ 미래 도시가 어떤 모습으로 발전하면 좋을지 적어 보세요.

내가 생각하는 미래 도시	

STEP ❷
10분

우리 모둠이 만들고 싶은 미래 마을을 상상해 봅시다.

◯ 모둠에서 만들고 싶은 '미래 마을'을 상상하며 브레인스토밍해 보세요.

Tip Ⅱ단원과 연계하여 모둠원 한 명이 한 가지 이상의 직업인을 선택하세요.

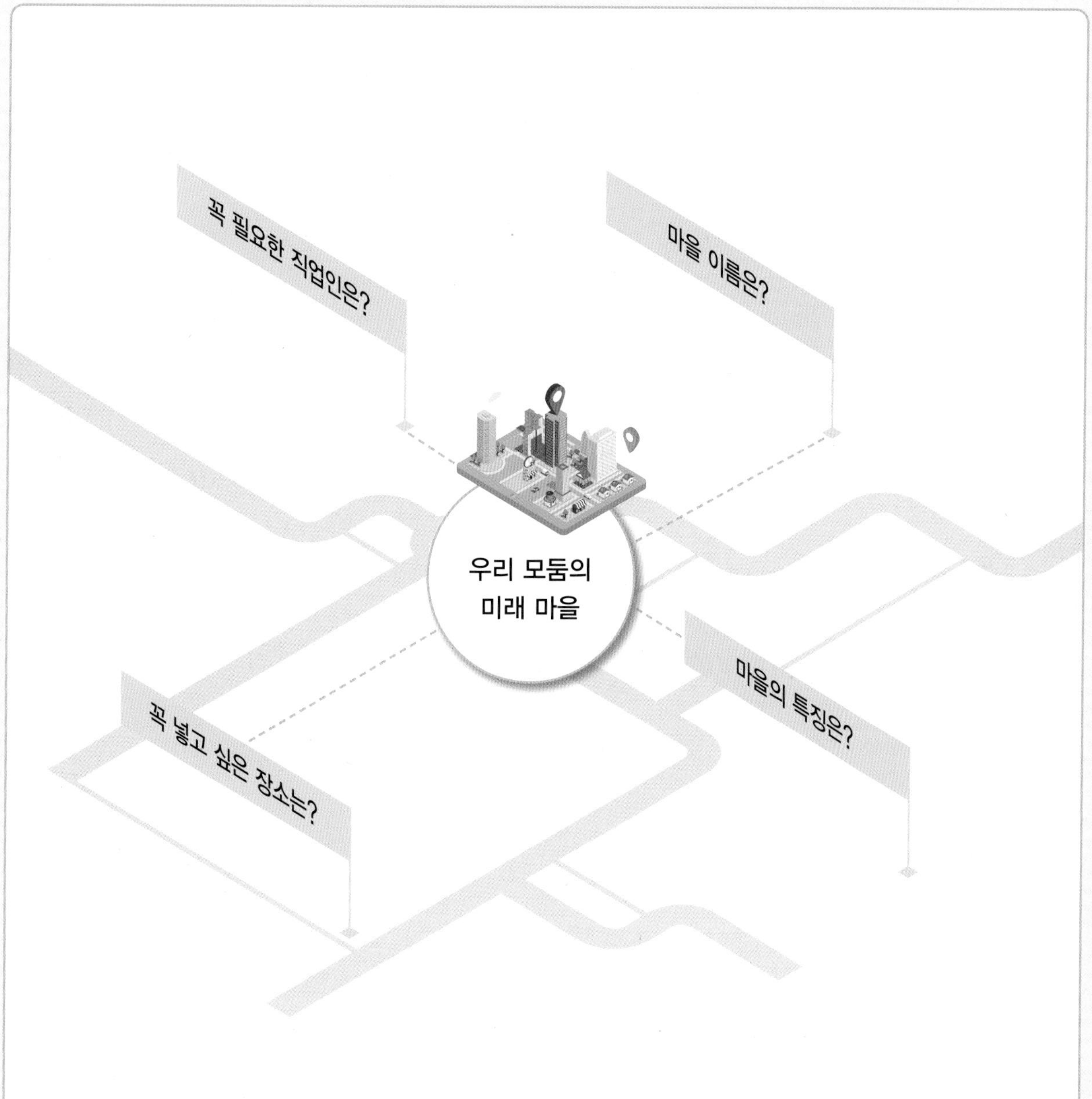

꼭 필요한 직업인은?

마을 이름은?

우리 모둠의
미래 마을

꼭 넣고 싶은 장소는?

마을의 특징은?

STEP ❸
10분

우리 모둠이 만들고 싶은 마을을 설계해 봅시다.

◯ 모둠원과 브레밍스토밍으로 생각한 아이디어를 정리하여 적어 보세요.

마을 이름

마을에 있는 장소

마을을 운영하는 데 필요한 직업인

마을의 특징

기타

우리 모둠이 만들고 싶은 마을을 만들어 봅시다.

❶ 도로 카드(71쪽)를 오리고, 모둠 활동지에 자유롭게 배치해 보세요.

❷ 원하는 곳에 건물 스티커와 기술 스티커 (73쪽)를 붙이고 설명을 적어 보세요.

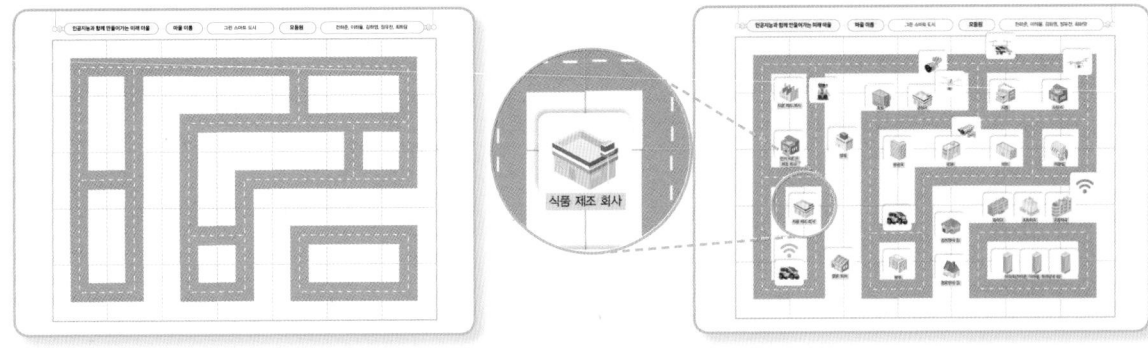

❸ 원하는 곳에 직업인 스티커(73쪽)를 붙이고 설명을 적어 보세요.

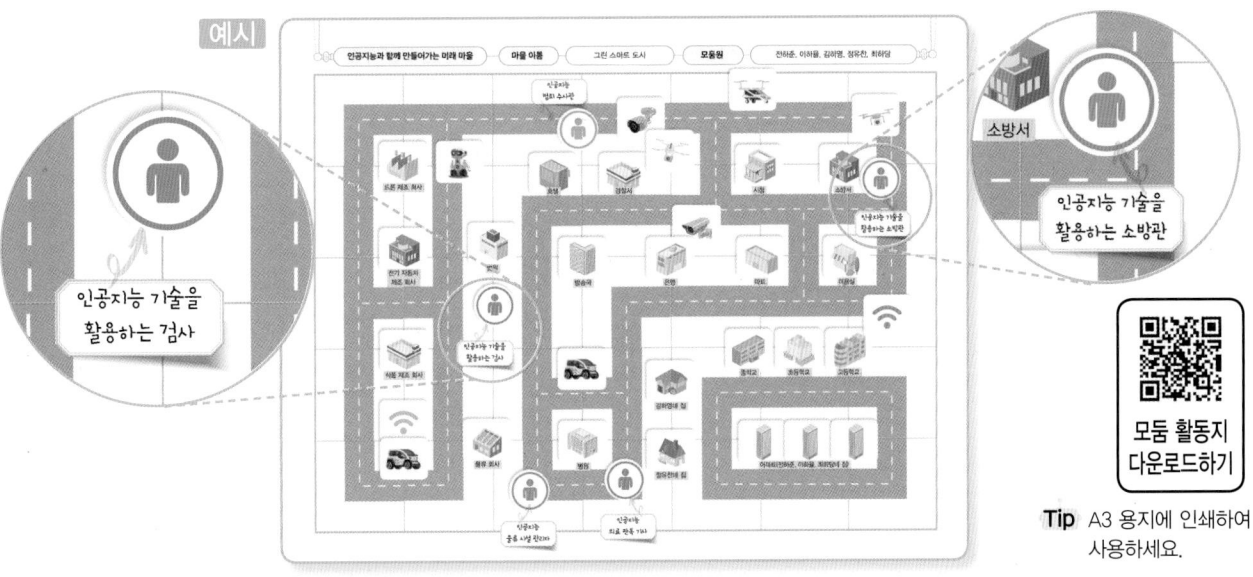

모둠 활동지 다운로드하기

Tip A3 용지에 인쇄하여 사용하세요.

⭐ 활동 14를 마무리하며 나의 학업 성취도를 평가해 보세요.

♥ 수업에서 가장 흥미 있었던 점	＞
✔ 수업을 통해 새롭게 알게 된 점	＞
➕ 수업을 통해 더 알고 싶어진 점	＞

15 행복한 미래 마을, 함께 나눠 봐요

활동 미션
지금부터 우리는!
행복한 공존을 위한 윤리 서약서를 만들고, 미래 마을을 발표해 볼까요?

수업 흐름
STEP ❶ 10분 → STEP ❷ 5분 → STEP ❸ 10분 → STEP ❹ 20분 수업 시간 45분

준비물 워크북, 필기도구, 스마트폰, 인터넷이 가능한 환경

STEP ❶ 10분 영상을 보고 인공지능 시대의 직업 윤리를 생각해 봅시다.

❶ 인공지능 시대에 윤리적 가이드가 필요한 이유는 무엇일까요?

자율주행차 판단
▶05:18

❷ 미래 마을에서 살아가는 직업인이 지켜야 할 직업 윤리는 무엇일까요?

필요한 직업 윤리	

모둠원과 인공지능 윤리 서약서를 작성해 봅시다.

❶ STEP 1에서 생각한 직업 윤리를 모둠원과 이야기해 보세요.

❷ 모둠원과 협의하여 직업에 따른 인공지능 윤리 기준 세 가지를 정하여 윤리 서약서를 작성해 보세요.

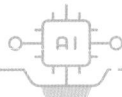

인공지능 윤리 서약서

우리는 다음의 인공지능 윤리 강령을 가치 판단과 행동 양식의 기준으로 삼아 미래의 직업 생활에서 적극 실천할 것을 다짐합니다.

1. _____

2. _____

3. _____

_____ (서명)   _____ (서명)

_____ (서명)   _____ (서명)

_____ (서명)   _____ (서명)

20   년   월   일

STEP ③
10분

각 모둠별로 '미래 마을 발표회'를 준비해 봅시다.

❶ 다음의 지침을 보고 발표회를 준비해 보세요.

발표회 준비 사항	발표할 때의 규칙
1. 공평하게 역할 분담하기 　　예) 발표자, 질의응답자, 발표 계획서 작성자 등 2. 발표할 내용과 순서 정하기 3. 정해진 시간에 맞게 시간 분배하기	1. 미래 마을 발표 후 윤리 서약하기 2. 발표 시간 지키기 3. 다른 모둠의 발표 경청하기 4. 질문하기/질문 시간 지키기 5. 성실하게 답변하기

우리 모둠의 발표 내용

STEP ❹
20분

각 모둠이 돌아가면서 발표를 하고, 다음 기준에 맞게 평가해 보세요.

평가 기준

발표 내용	발표 태도
1. 미래 마을은 실현가능성이 있는가? 2. 미래 마을의 가치나 의미를 잘 설명하였는가? 3. 미래 마을에 어울리는 직업인으로 구성되어 있는가? 4. 미래 직업인에게 필요한 인공지능 직업 윤리를 갖추었는가?	1. 바른 자세와 태도로 발표를 하였는가? 2. 정해진 시간 내에 발표를 하였는가? 3. 다른 모둠의 발표를 경청하였는가? 4. 질문에 대한 답변이 잘 이루어졌는가?

모둠 이름	발표 내용 메모	발표 내용			발표 태도		
		상	중	하	상	중	하

⭐ 활동 15를 마무리하며 나의 학업 성취도를 평가해 보세요.

❤️ 수업에서 가장
흥미 있었던 점 ＞

✅ 수업을 통해
새롭게 알게 된 점 ＞

➕ 수업을 통해
더 알고 싶어진 점 ＞

집필진

위정의 충현중학교 진로전담교사
씨마스 『두근두근 미래 직업 체험 워크북』 집필
캠퍼스멘토 『교과세특 탐구주제 바이블』 집필
경기도교육청 독서교육 지원단
경기도교육청 자격 연수 논술 평가 출제 검토위원
경기도교육청 자격 직무 연수 독서 토론 강사
중등 1급 정교사 국어과 자격 연수 강사
경기도중등독서교육연구회 회원

안샛별 독산고등학교 정보 교사
충남 찾아가는 SW 지원단
『교사 119 이럴 땐 이렇게』 편집단
『위기의 교사를 구하라! 교사 119』 직무 연수 강사
서울특별시교육청 메이커 교육 지도 자료 개발
2020 동계 SW 교육 핵심 교원 연수 강사진 워크숍 강사
한국과학창의재단 SW 교육 으뜸 교원 워크숍 강사
2021 삼성 주니어 SW 아카데미 교사 연수 강사
서울시교육청 교육연구정보원 연수 강사

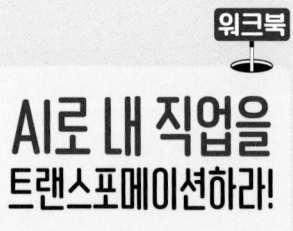

초판발행 2021년 6월 1일
2쇄발행 2022년 9월 5일

지 은 이 위정의, 안샛별
펴 낸 이 이미래
펴 낸 곳 씨마스
주   소 07706(우) 서울특별시 강서구 강서로33가길 78
등록번호 제301호-2011-214호

내용문의 02)2274-1590~2 | 팩스 02)2278-6702
편   집 이은경, 박영지
디 자 인 표지: 이기복, 내지: 곽상엽

홈페이지 www.cmass21.co.kr | **이메일** cmass@cmass21.co.kr
이 책에 대한 의견이나 잘못된 내용에 대한 수정 정보는 씨마스 홈페이지나 이메일로 알려 주시기 바랍니다.
잘못된 책은 구매처 또는 본사에서 교환해 드립니다.

I S B N 979-11-5672-442-1

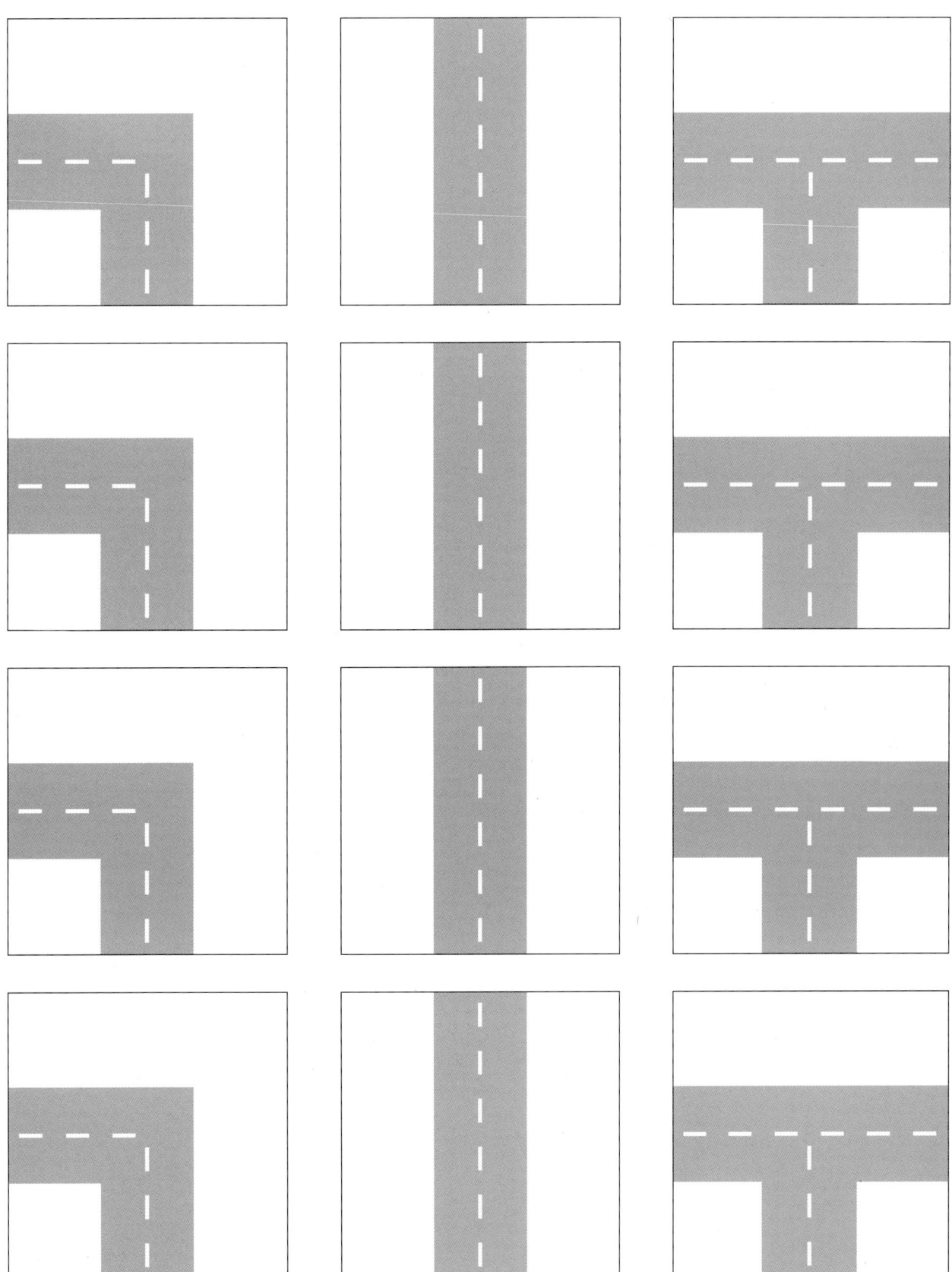

―――― 선을 따라 가위로 오리세요.

기술 스티커

   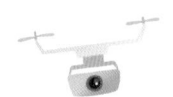 

직업인 스티커

건물 스티커

    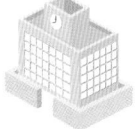